pattydoo

W0322501

TASCHEN LIEBLINGE SELBER NÄHEN

CV

INHALT

20

26

32

38

44

48

54

58

64

70

76

80

86

90

Nählevel:

- Du beherrschst gerade Nähte.
- Du kannst Rundungen nähen und Reißverschlüsse oder Paspelband annähen.
- Du kannst gerade Kanten an Rundungen nähen und schwierige Materialien wie Kunstleder verarbeiten.
- Du traust dir zu, steife Materialien zu nähen.

ÜBER MICH & PATTYDOO

Hallo, ich bin Ina – Nähbloggerin und Schnittmusterdesignerin von pattydoo, unserer Webseite für Nähbegeisterte und alle, die es werden wollen!

„Hallo, liebe Nähfreunde"

So begrüßte ich vor drei Jahren noch ganz zaghaft die HobbyschneiderInnen und NähanfängerInnen in meinem ersten Nähvideo. Damals hatte ich keine Ahnung davon, was sich in der darauffolgenden Zeit entwickeln würde. Niemals hätte ich gedacht, dass ich etwas, was spontan und aus einer Leidenschaft heraus entstand, nicht nur als Hobby, sondern einmal als Beruf ausleben kann und dass ich sogar ein eigenes Nähbuch schreiben würde! Alles begann ohne Plan, aber mit der großen Freude am Selbernähen!

Meine ersten Nähversuche

Schon als junges Mädel schnappte ich mir heimlich die Nähmaschine meiner Mutter und startete meine ersten Nähversuche. Ich schaute mir an, wie Kuscheltiere, Taschen und Kleidungsstücke gemacht waren, und begann, eigene Modelle zu entwerfen und aus dem Bauch heraus zu nähen. Es faszinierte mich, dass ich anhand von Formen und Maßen aus Stoffen etwas selbst erschaffen konnte. Ganz stolz trug ich dann eines meiner Werke, eine kleine Umhängetasche, zu einem Vorstellungsgespräch, um mich für eine Ausbildung zur Schneiderin zu bewerben – das beeindruckte die Werkstattleiterin und so wurde der Grundstein für meinen weiteren Werdegang gelegt. Als „Schneider-Azubi" habe ich nicht nur professionell nähen gelernt, sondern von den hilfsbereiten und erfahrenen Schneiderinnen auch allerhand Tipps und Tricks aufgesogen. Zu diesem Wissen gesellte sich während meines Studiums der Bekleidungstechnik noch eine Menge Theorie, u.a. zur Produktentwicklung und Schnittkonstruktion.

Wiederentdeckte Nählust

Bei meiner Tätigkeit später als Bekleidungstechnikerin spielte das Handwerk dann leider nur noch eine untergeordnete Rolle, einige Jahre habe ich nicht mehr an der Nähmaschine gesessen und etwas selbst genäht. Das änderte sich zum Glück vor sechs Jahren mit der Geburt meiner Tochter – wie viele andere Mütter entdeckte ich durch mein Kind wieder die Lust am Nähen. Ich fing an, individuelle Babysachen und Accessoires zu nähen, und stieß bei meiner Suche nach neuen Ideen und Inspirationen auf die unendlichen Weiten der Internet-Nähszene. Was sich mir dort auf einmal für eine neue Welt auftat! Ich war geflasht von den Unmengen an Anleitungen und Schnittmustern und beeindruckt von den persönlichen Webseiten kreativer Frauen – den Nähblogs, die voller Ideen und Herzblut steckten. Zahlreiche Handarbeitsforen und soziale Kanäle wie Facebook, Twitter und Co. eröffneten mir neue Möglichkeiten der Konversation und die Kontaktaufnahme zu anderen Nähbegeisterten nicht nur in Deutschland, sondern auch auf der ganzen Welt! So fing meine Nähmaschine wieder fleißig an zu surren, mein Stoffvorrat wuchs stetig und damit auch meine Das-muss-ich-unbedingt-mal-nähen-Liste (du kennst das sicher auch?!).

pattydoo wird geboren

Nachdem ich in die Online-Nähwelt eingetaucht bin und mich von ihrer kreativen Energie habe anstecken lassen, bekam ich Lust, meinen eigenen Nähblog zu starten. Einerseits wollte ich gern meine genähten Werke zeigen, andererseits aber auch mein ursprünglich erlerntes Nähwissen an die Community weitergeben. Weil ich nicht die Einzige mit dieser Idee war und ich deshalb etwas Besonderes machen wollte, um aufzufallen, probierten mein Mann Christian und ich eines Tages etwas im Wohnzimmer aus: Wir drehten spontan einen kurzen Film, in dem ich vor der Kamera etwas über die Eigenschaften von Stoffen erzählte. Wir sahen uns den Film an und dachten: „Der Dreh hat Riesenspaß gemacht und anderen könnte es gefallen!" So drehten wir 2012 das erste pattydoo-Tutorial, luden es im Videokanal YouTube hoch und freuten uns „wie Bolle" über die ersten Kommentare … Wir hatten keine Ahnung, welchen Stein wir damit ins Rollen bringen würden!

pattydoo wächst

Drei Jahre später wache ich morgens auf und muss mich manchmal kneifen: Nach dem ersten Video folgten viele weitere, mittlerweile haben wir Zuschauerzahlen in Millionenhöhe, Nähfans aus aller Welt sind begeistert von unseren Filmen. Ebenso hat mein Blog, auf dem ich regelmäßig Inspirationen, Anleitungen sowie Tipps und Tricks rund ums Nähen zeige, zahlreiche Leser dazugewonnen. Im pattydoo-Nähforum, unserer facebook-Gruppe tauschen sich Nähfans beinahe im Sekundentakt über Nähprojekte aus, die sie nach pattydoo-Schnittmustern genäht haben. Es ist ein tolles Gefühl, dass die Leute mit meinen Ideen die Freude am Nähen entdecken und manche deswegen sogar ihre längst vergessene, eingestaubte Nähmaschine vom Dachboden zurückholen. Dank der Social-Media-Kanäle stehe ich im regen Austausch mit meinen treuen Lesern und setze ihr Feedback und ihre Anregungen gern in neuen Projekten um. So feuern wir uns gegenseitig an und ich fühle mich mittendrin im Geschehen, als Teil einer großen, vor Kreativität nur so sprudelnden Näh-Community. Es macht riesigen Spaß, jeden Tag das auszuleben, was mir am meisten liegt: Nähideen und Schnittmuster zu entwickeln und die Anleitungen dafür auszutüfteln – und das nicht nur als Hobby, sondern sogar als Traumberuf!
Zum Glück habe ich für den wachsenden Berg an Ideen und Projekten mittlerweile ein tolles Team, welches mich großartig unterstützt – meine Lieben, ein dickes Dankeschön an dieser Stelle! Zusammen haben wir in den nächsten Jahren noch viel vor und ich bin unendlich froh, jeden Tag ein Teil dieser tollen Bewegung zu sein.

Taschenliebe

Vor dir liegt nun mein erstes Buch. Es war klar, dass es zu einem pattydoo-Nähbuch unbedingt auch Videos geben muss. Zudem sollte es sich um meine Lieblingsnähobjekte drehen – um Taschen! Wie schon als junges Mädchen nähe ich nach wie vor leidenschaftlich gern Taschen in allen Formen und Größen. Mir macht es Spaß, Stoffe und Materialien nach meinen Vorstellungen zu kombinieren und Ideen umzusetzen, die so nicht in Einkaufsläden zu finden sind. So kann ich Taschen für meine individuellen Bedürfnisse und Outfits designen: einen coolen Weekender mit passender Kosmetiktasche für den Wochenendtrip, eine Hobo-Bag aus Kunstleder in meiner Lieblingsfarbe oder kleine Origami-Mäppchen, die ich prima verschenken kann. Am spannendsten finde ich übrigens immer den Moment, wenn die Tasche gewendet wird und das Ergebnis der eigenen Tüftelei zum Vorschein kommt! Dieses Glücksgefühl, dass alles so geklappt hat, wie ich es mir vorgestellt habe, gibt es in keinem Laden zu kaufen!

Näh dir deine Lieblingstasche!

Du findest in diesem Buch eine Bandbreite an tollen Möglichkeiten zum Selbernähen: individuelle Taschen für die verschiedensten Verwendungszwecke – sowohl alltagstaugliche Klassiker als auch extravagante Begleiter für besondere Anlässe. Wie bei unseren pattydoo-Designs war mir bei der Entwicklung der Modelle wichtig, dass die Grundformen jeweils einfach und ohne viel Firlefanz sind und die Taschen stattdessen durch kleine Details wie eine bestimmte Nähtechnik oder ein besonderes Material zu einem Hingucker werden. Damit die Taschen nicht nur schön, sondern auch strapazierfähig sind, verwende ich gerne robuste Materialien wie Kunstleder und Canvas. Meist zeige ich dir Alternativen, wie du die Tasche abwandeln oder auch aus einem anderen Material nähen kannst. Die grundlegenden Techniken zum Nähen von Taschen (einzelner Taschenbestandteile) zeige ich dir Schritt für Schritt in meinen Nähvideos. Anhand dieser und deiner eigenen Kreativität kannst du mit ein bisschen Übung sogar deine eigenen Modelle umsetzen.

Und jetzt ran an die Nähmaschine! Ich wünsche dir viel Spaß beim Nachnähen. Happy Sewing!

Deine Ina

www.pattydoo.de

MATERIALIEN

Stoffe

Für die Taschenmodelle in diesem Buch werden folgende Materialien verwendet:

Gewebte Baumwollstoffe: Einfache, gewebte Baumwollstoffe eignen sich sowohl für die Außenseite als auch für das Innenfutter einer Tasche. Um der Tasche Stand und Volumen zu verleihen, ist meist eine Verstärkung mit einer Vlieseinlage nötig.

Canvas: Canvas ist fester und strapazierfähiger als normale Baumwollgewebe, deshalb ist dieser Stoff wunderbar für Taschennähprojekte geeignet! Je nachdem, wie steif der Canvas ist, kannst du ihn zusätzlich mit Vlieseinlage verstärken.

Laminierte Stoffe: Laminierte bzw. beschichtete Stoffe sind in der Regel Baumwollstoffe, deren bedruckte Seite nachträglich mit einer dünnen Vinylbeschichtung wasserabweisend gemacht wird. Im Gegensatz zu herkömmlichem Wachstuch ist laminierter Stoff wesentlich dünner, geschmeidiger und daher auch einfacher zu nähen.

Kunstleder: Lederimitate sind Gewebe aus Polyester oder anderen Materialien, die meist mit PVC oder Polyurethan beschichtet sind. Je nach Art und Dicke der Beschichtung ist das Kunstleder weich und geschmeidig oder eher steif und fest. Damit du es gut mit der Haushaltsnähmaschine nähen kannst, sollte das Kunstleder für selbst genähte Taschen zwar fest (nicht elastisch), aber nicht zu dick und steif sein.

Wildlederimitat (Alcantara): Alcantara ist der Handelsname für einen industriell hergestellten, weichen Stoff mit einer rauen Oberfläche, die an Velours- bzw. Wildleder erinnert. Es ist dünner und im Gegensatz zu echtem Wildleder waschbar und deshalb gut für selbst genähte Taschen geeignet.

Oxfordgewebe: Bei dem für die Modelle im Buch verwendeten Oxfordgewebe handelt es sich um einen robusten Stoff aus Polyester, dessen Rückseite wasserabweisend beschichtet ist. Der Stoff ist sehr fest und verleiht einer Tasche Stand, ohne dass er zusätzlich verstärkt werden muss.

Vlieseinlagen

Um den selbst genähten Taschen Stabilität und Stand zu geben, ist es oft unerlässlich, die Stoffe mit einer geeigneten Vlieseinlage zu verstärken. Welche Einlage die „richtige" ist, hängt zum einen vom Stoff, zum anderen auch vom subjektiven Empfinden ab. Je nachdem, wie fest bereits der Oberstoff ist und wie steif deine fertige Tasche sein soll, gibt es meist verschiedene Möglichkeiten, den Stoff zu verstärken. Die Angaben zu den Vlieseinlagen in den Anleitungen sind als Empfehlungen anzusehen.
Vlieseinlagen zum Aufbügeln sind auf einer Seite mit einem Kleber beschichtet. Das Vlies wird zum Aufbügeln mit der Kleberseite auf den Stoff gelegt. Beachte dabei unbedingt die Herstellerangaben, nur dann wird die Einlage mit dem Stoff haltbar verbunden! Bei den Vlieseline-Einlagen findest du die Produktnummer, die Pflegeanleitung sowie die Angaben zur Fixierung (Bügeltemperatur, Zeit und Feuchtigkeit) meist am Rand der Meterware. Lass den Stoff nach dem Aufbügeln der Einlage flach liegend gut auskühlen, bevor du ihn weiterverarbeitest.
Für die Taschen in diesem Buch werden hauptsächlich folgende Vlieseinlagen verwendet:

H 180/F 220: leichte Einlagen zur Verstärkung

H 250: stabile Einlage für Stand. Bei großen Taschen, die gewendet werden müssen, können sich evtl. Knitter bilden. Alternative: Decovil I Light

H 630 und H 640: Volumenvliese zur Verleihung von Griff und Volumen. H 640 ist etwas dicker und fester als H 630.

Decovil I Light/Decovil I: sprungelastische (nicht knitternde) Einlage mit lederähnlichem Griff. Vor allem bei kleinen Taschen ist es besser, diese Einlage ohne Nahtzugabe zuzuschneiden, damit die Nähte nicht zu dick werden. Beachte, dass mit Decovil I verstärkte Stoffe sehr fest und steif sind und sich dadurch schwerer vernähen lassen. Leichtere Alternative: Decovil I Light

S 320: sogenannte Schabrackeneinlage für noch mehr Stand

S 520: sehr feste Schabrackeneinlage, gut für Taschenböden geeignet

ByAnnies Soft & Stable: eine Einlage, die zur Verstärkung der Kosmetiktasche von Seite 64 zum Einsatz kommt. Das voluminöse Material (Abstandsgewirke) aus Polyester wird lose verarbeitet, d.h. nicht aufgebügelt, sondern knappkantig auf die bereits zugeschnittenen Stoffteile aufgenäht. Mit zusätzlichen Steppnähten kannst du es über die gesamte Fläche fixieren und so der Tasche noch mehr Stand verleihen.

Nähgarn

Damit die Taschennähte haltbar und strapazierfähig sind, solltest du hochwertiges Nähgarn aus Polyester verwenden. Nähgarn aus 100 % Baumwolle ist für diese Zwecke nicht geeignet, da es weniger fest ist und schnell reißt. Wähle das Nähgarn passend zum Stoff und zur Nähmaschinennadel aus.

Gurtbänder

Gurtband kannst du für Laschen, Griffe und Trageriemen einsetzen. Es ist in verschiedenen Breiten erhältlich (u. a. 2,5 cm, 3 cm und 4 cm) und meist aus Polypropylen, Nylon, Polyester oder Baumwolle. Gurtband aus Synthetik ist meist glänzend und hat den Vorteil, dass es an den Enden mit einem Feuerzeug geschmolzen werden kann, damit es nicht ausfranst. Daher müssen Gurtbandenden beim Annähen nicht umgeschlagen werden. Beim Aufnähen von Gurtband aus Baumwolle müssen die Kanten extra umgefaltet werden, damit sie nicht ausfransen. Dadurch werden diese Stellen meist dick und sind etwas schwieriger zu nähen. Allerdings sind Baumwollgurte angenehm matt und sehen weniger sportiv aus.

Endlosreißverschluss

Endlosreißverschluss kann auf die passende Länge zugeschnitten und mit einem oder zwei Schiebern versehen werden. Es gibt Endlosreißverschlüsse mit 3 oder 5 mm breiten Zähnchenreihen als Spirale oder Krampe. Achtung: Dicke Plastikkrampen sind gemeine „Nadelbrecher"! Pass gut auf und nähe langsam und mit großer Stichlänge über so einen Reißverschluss.
Hübsch ist auch Spitzenreißverschluss, er wird im Gegensatz zum normalen Reißverschluss auf die rechte Stoffseite aufgenäht (siehe Origami-Mäppchen, Seite 76).

HINWEIS

Die Längenangabe für den Endlosreißverschluss in den Anleitungen (unter „Stoffe & Zubehör") enthält bereits eine Zugabe zum Einfädeln der Schieber. Statt eines Endlosreißverschlusses kannst du auch einen normalen, teilbaren Reißverschluss in der gleichen Länge verwenden. Nachdem du den Reißverschluss angenäht hast, schließt du ihn und kürzt dann das überstehende Ende ein.

Taschenboden

Zur Formgebung und Verstärkung kannst du einen Taschenboden zusätzlich versteifen. Dafür eignen sich flexible Plast kmatten wie z. B. der Kreativbogen von Prym oder auch haushaltsübliche Kunststoff-Tischsets. Die sehr feste Schabrackeneinlage Vlieseline S 520 kannst du ebenfalls für diesen Zweck einsetzen und sogar aufbügeln.

Weiteres Taschenzubehör

Es gibt unzählige Möglichkeiten, eine Tasche zu verschließen. Praktisch sind z. B. **Magnetverschlüsse**, die in der Taschenklappe und Taschenvorderseite „versteckt" werden.
Zur Befestigung und Regulierung von Trageriemen gibt es eine große Auswahl an **Steckschnallen** aus Plastik sowie an **Karabinern, D-Ringen und Vierkantringen** aus Metall für verschiedene Gurtbandbreiten.
Vor allem bei großen Taschen sind **Bodennägel** als Abstandshalter praktisch, sie sorgen dafür, dass der Taschenboden nicht beschmutzt wird.
Reißverschlussanhänger erleichtern zwar häufig auch den Gebrauch des Reißverschlusses, dienen aber in erster Linie zur Verzierung und können einer Tasche eine besondere Note geben.

TECHNIKEN & HILFSMITTEL

Abpausen der Schnittteile

Die Schnittteile für den Zuschnitt der Taschenteile aus Stoff findest du auf den beigelegten Schnittmusterbogen. Suche die für das entsprechende Modell angegebenen Schnittteile aus und pause sie vom Bogen ab. Übertrage dabei auch den Fadenlauf, den Stoffbruch, alle Knipse (Passmarken) sowie evtl. Positionsmarkierungen. Zum Übertragen benötigst du einen spitzen, weichen Bleistift, ein Lineal und Seidenpapier oder transparente Folie (manche schwören auf Malerabdeckfolie aus dem Baumarkt). Einige große, symmetrische Schnittteile sind als halbe Schnittteile angelegt und müssen vor dem Zuschnitt an der gekennzeichneten Linie gespiegelt werden. Beschrifte die abgepausten Schnittteile mit dem Modellnamen und der Schnittteilnummer und sortiere sie in einer Registermappe mit einzelnen Fächern oder in Klarsichthüllen in einem Ordner. So findest du die Schnittteile leicht wieder, wenn du eine Tasche noch einmal nähen möchtest.

Zuschneiden

Die **Schnittteile** für die Modelle in diesem Buch enthalten bereits alle Nahtzugaben (in der Regel 1 cm), du kannst die Taschenteile also direkt zuschneiden. Rechteckige Schnittteile sind zum Teil nicht auf dem **Schnittmusterbogen**, sondern mit Maßen unter dem **Abschnitt „Zuschneiden"** angegeben. Auch hier sind die Nahtzugaben bereits enthalten, du kannst die Taschenteile wie angegeben (ohne weitere Zugaben!) zuschneiden.

Beachte beim **Auflegen der Schnittteile** auf den Stoff den Fadenlauf und evtl. die Musterrichtung. Lege das Schnittteil auf den gefalteten Stoff (doppelte Stofflage), wenn du zwei oder mehrere gleiche Taschenteile benötigst. Ebenso müssen Schnittteile, bei welchen eine Kante als Stoffbruch gekennzeichnet ist, mit dieser an den Falz einer gefalteten Stofflage angelegt werden. Bei gemusterten Stoffen kannst du auch vom Fadenlauf abweichen, wenn dir wichtiger ist, dass das Stoffmuster auf der fertigen Tasche in eine bestimmte Richtung verläuft (schräg oder gegen den Fadenlauf).

Um die Schnittteile auf dem Stoff zu fixieren, kannst du sie beschweren (z. B. mit Konservendosen) oder mit Stecknadeln feststecken. Nun zeichnest du die Schnittteile mit **Schneiderkreide** oder einem **Stoffmarkierstift** ab oder du schneidest den Stoff direkt entlang der Schnittteilkante zu – das ist Geschmacks- und Übungssache.

Zum Zuschneiden der **Taschenteile** solltest du am besten eine Stoffschere mit gebogenem Griff verwenden, diese lässt sich schön flach über der Unterlage entlangführen, sodass die Stofflagen nur wenig angehoben und so nicht verschoben werden. Vor allem für gerade, rechteckige Teile empfiehlt sich der Einsatz eines **Rollschneiders** zusammen mit einem **transparenten Lineal** und einer **Schneidematte**. Auch der Zuschnitt mehrerer Stofflagen und von Teilen für Patchworkarbeiten (deren Maße exakt eingehalten werden müssen) gelingt damit am besten.

TIPP

Auch wenn der Rollschneider zusammen mit einem Lineal und einer Schneidematte vielleicht eine kleine Investition bedeutet, die Anschaffung lohnt sich – du sparst Zeit und häufig auch Nerven!

Bügeln

Viele unterschätzen es und haben keine Lust darauf, aber bügeln ist unerlässlich! Es sorgt nicht nur für ein schönes Nähergebnis, sondern erleichtert auch viele Arbeitsschritte und ist notwendig zum Fixieren der Vlieseinlagen. Sorge dafür, dass dein **Bügelbrett** und das **Bügeleisen** schön sauber sind. Halte evtl. Backpapier und ein feuchtes Küchentuch zum Aufbügeln von Einlage bereit.

Nähen

Je nachdem, welches Material du für deine Tasche verarbeiten möchtest, sollte deine Nähmaschine dafür geschaffen sein. Einfache Taschen aus Baumwollstoffen lassen sich auch mit Einsteigermodellen gut nähen. Anspruchsvollere Nähprojekte (z. B. mit beschichteten Stoffen wie Kunstleder und mehreren Stofflagen) sind für einfache Nähmaschinen vom Discounter meist nicht mehr gut zu bewältigen. Manchmal helfen dann Dinge aus dem Haushalt wie Backpapier, um z. B. den Stofftransport zu verbessern.

TIPP

Bevor du alle Vorbereitungen zum Nähen einer Tasche triffst, teste, ob deine Nähmaschine gut mit dem gewünschten Material zurechtkommt – so vermeidest du Ärger während des Nähprojektes und kannst dich voll und ganz auf die Arbeitsschritte konzentrieren.

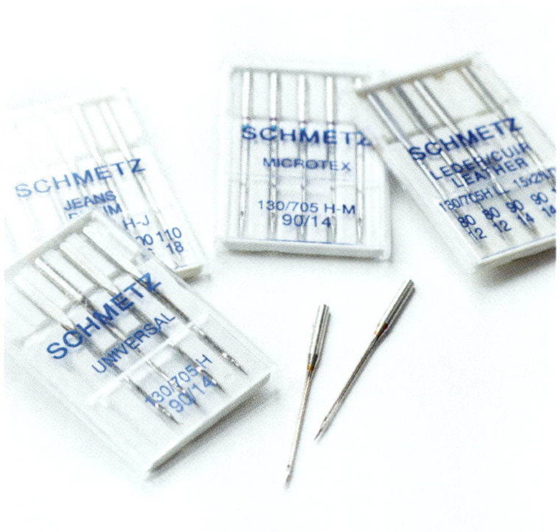

Vielleicht ist auch ein spezieller Nähfuß nötig, den du zusätzlich kaufen kannst. Bevor du mit dem Nähen deiner Tasche loslegst, verschaffe dir genügend Platz auf deinem Nähtisch und lege Werkzeuge wie Schere, Stecknadeln und Handmaß (Lineal) bereit. Je nach Material benötigst du weitere spezielle Hilfsmittel:

Nähmaschinennadeln: Verwende unbeschädigte Nähmaschinennadeln, die für dein Material und das Nähgarn gut geeignet sind. Auf der Verpackung sind Nadeldicke und -typ bzw. die Anwendung angegeben. In der Regel gilt, je dicker und kräftiger der Stoff bzw. das Nähgarn, desto höher muss die Zahlenangabe zur Nadeldicke sein. Für normale Baumwollstoffe ist die Stärke 80 bis 90 ausreichend, für kräftige Stoffe sollte sie 90 bis 110 betragen. Für Canvas- oder Denimstoffe solltest du eine Jeansnadel einsetzen, für beschichtete Stoffe eine Leder- oder Microtexnadel.

Nähfüße: Verschiedene Arbeitsschritte gelingen mit dem passenden Nähfuß sehr viel leichter. Meist sind im Standardzubehör der Nähmaschine schon verschiedene Nähfüße enthalten. Mit dem **Kantennähfuß (auch Reißverschlussnähfuß)** lässt sich beim Annähen von Reißverschlüssen schön nah an der Zähnchenreihe nähen und auch zum Absteppen von Stoffkanten und zum Annähen von Paspelbändern ist er dein bester Helfer! Zum Nähen dicker Stoffe eignet sich ein **Jeansnähfuß**. Die flache durchgehende Sohle sorgt dafür, dass das Gleiten über die dicken Stoffschichten erleichtert wird. Zu Nähfüßen zum Nähen von beschichteten Materialien siehe Seite 16.

Obertransport: Zur Verbesserung des Stofftransportes beim Nähen ist ein zusätzlicher Obertransport sehr empfehlenswert. So wird nicht nur die untere, sondern auch die obere Stofflage schön gleichmäßig transportiert. Bei manchen Nähmaschinen ist diese Funktion bereits integriert oder sie kann mit einem separaten Nähfuß aufgerüstet werden.

Ausgleichsplatte: Für unterschiedliche dicke (unebene) Stellen oder für dicke Nahtanfänge kannst du eine sogenannte Ausgleichsplatte verwenden. Lege sie so unter den Nähfuß (seitlich oder unter den hinteren Teil), dass er gerade ist.

TIPP

Bei dicken Nahtanfängen kannst du auch ein dick gefaltetes Stück Stoff unter den Nähfuß legen. Nähe ein paar Stiche auf diesem Stück und schiebe, wenn es unter dem hinteren Nähfußteil ist, dein eigentliches Nähgut hinterher. So erhältst du einen sauberen Nahtbeginn.

Hier noch einige Werkzeuge, die zum Nähen von Taschen hilfreich sein können:
Stoffklammern (Wonderclips): zum Zusammenstecken dicker oder beschichteter Stoffe. Alternativ eignen sich Buchklammern oder Haarklemmen.
Wendenadel: zum Wenden schmaler Taschenträger
Stäbchen: zum Ausformen von Ecken nach dem Wenden
Stylefix (beidseitiges Klebeband): zum Fixieren von Gurtbändern, Reißverschlüssen oder Applikationen
Papierklebeband oder Masking Tape (Washi Tape): ebenfalls praktisch, um Dinge kurzfristig zu fixieren, die sich nicht mit Stecknadeln feststecken lassen
Textilkleber: zum Verbinden von Materialien wie Kunstleder

Beschichtete Materialien nähen

Kunstleder, laminierte Baumwollstoffe und Wachstuch sind ideal für selbst genähte Taschen, weil sie haltbar und weniger schmutzanfällig sind. Allerdings gibt es bei der Verarbeitung ein paar Dinge zu beachten:

Zuschneiden: Lege die Schnittteile auf die (unbeschichtete) Stoffrückseite auf und fixiere sie mit Gewichten, Klammern oder Klebeband. Zum Abzeichnen der Schnittteile kannst du einen herkömmlichen Kugelschreiber verwenden.

Nähen: Setze zum Nähen eine Leder- oder Microtexnadel ein. Diese haben spezielle Spitzen, die leichter in das dichte Material eindringen. Damit der Stoff durch die Nähte nicht zu stark perforiert wird und später evtl. einreißt, solltest du mit einer größeren Stichlänge (3–3,5 mm) und möglichst nicht zu oft über die gleiche Stelle nähen. Für das Zusammenstecken mehrerer Stofflagen sind Stoffklammern ideal, alternativ eignen sich Buchklammern, Quilt Clips oder ganz einfach Haarklemmen. Um Dinge wie Klett- oder Gurtband ohne Stecknadeln zu fixieren, kannst du beidseitiges Klebeband (Stylefix oder Fotoklebeband), Sprühkleber oder Masking Tape (Washi Tape) benutzen.

Weil die Beschichtung dafür sorgt, dass der Stoff am Nähfuß haften bleibt, und deshalb beim Nähen schlecht transportiert wird, solltest du möglichst auf der unbeschichteten Stoffrückseite nähen. Spezielle Nähfüße wie ein Teflonnähfuß, ein Rollennähfuß oder ein zusätzlicher Obertransport verbessern den Stofftransport enorm. Allerdings sind diese meist nicht im Standardzubehör der Nähmaschine enthalten. Alternativ kannst du Masking Tape (Washi Tape) auf die Nähfuß-Unterseite kleben, damit er besser über den Stoff gleitet. Ganz hervorragend klappt das Nähen auch mit Back- oder Seidenpapier: Lege es um die Stoffkante, nähe darüber und reiße es anschließend vorsichtig ab.

TIPP

Weitere Tricks zum Nähen von beschichteten Stoffen findest du im pattydoo-Blog: patty.do/beschichtete-stoffe

BEGRIFFSERKLÄRUNGEN

Absteppen
Du kannst etwas absteppen, d.h. eine oder mehrere Nähte entlang einer Kante oder einer anderen Naht nähen, um diese zu stabilisieren und gleichzeitig auch zu verzieren. Mit einer großen Stichlänge (3–4 mm) sowie extra starkem Nähgarn kannst du die Absteppung noch mehr hervorheben.

Fadenlauf
Stoffrichtung, die beim Auflegen der Schnittteile auf den Stoff für den Zuschnitt beachtet werden muss. Bei gewebten Stoffen verläuft der Fadenlauf parallel zur Webkante.

Futterstoff
Der Futterstoff im Tascheninneren dient dazu, die Nahtzugaben zu verdecken.

Knappkantig
Etwas knappkantig absteppen bedeutet, dass die Naht etwa 2–3 mm neben einer Kante verläuft.

Knips
Markierung am Schnittteil, die als kleiner Einschnitt (5 mm) an die Stoffkante übertragen wird. Knipse kennzeichnen Stellen, an denen Schnittteile aufeinandertreffen, oder auch Falten- und Gurtbandpositionen.

Linke Stoffseite
Das ist die „nicht schöne" Stoffseite, die beim fertig genähten Teil meist innen liegt.

Links auf links
Zwei Stoffe liegen mit ihren linken Seiten aufeinander, die schönen Seiten sind außen.

Nähfüßchenbreit
Beim Nähen verläuft die Stoffkante der Nahtzugabe entlang der äußeren Nähfußkante.

Oberstoff
Das ist der außen sichtbare Stoff.

Rechte Stoffseite
Das ist die „schöne" Stoffseite, die beim fertig genähten Teil außen sichtbar ist. Bei bedruckten Stoffen ist es die Seite, auf der der Druck klar und brillant ist.

Rechts auf rechts
Zwei Stoffe liegen mit ihren rechten Seiten aufeinander, die schönen Seiten sind also innen.

Stoffbruch
Kennzeichnung einer Schnittteilkante, an der der Stoff umgeschlagen bzw. gefaltet ist. So wird bei symmetrischen Schnittteilen mit einer Hälfte das komplette Teil zugeschnitten.

Stoffmuster
Ebenso wie der Fadenlauf muss auch das Stoffmuster beim Zuschneiden beachtet werden. Bei Stoffmustern, die in eine bestimmte Richtung verlaufen, musst du darauf achten, dass das Muster beim fertig genähten Teil nicht „auf dem Kopf" steht.

Verriegeln
Um zu verhindern, dass sich eine Naht wieder auftrennt, werden am Beginn und am Ende der Naht zwei bis drei Stiche vorwärts- und rückwärtsgenäht.

Webkante
Das sind die seitlichen, festen Kanten eines Gewebes, sie sind identisch mit der Richtung des Fadenlaufs.

NÄHVIDEOS

Video 1: Reißverschluss annähen

patty.do/reissverschluss

Hilfreich für: u.a. Falten-Hobo-Bag, Retro-Bag, Portemonnaie, Rucksack-Shopper, Weekender, Gürteltasche

Sieh dir an, wie ein Schieber auf einen Endlos-Reißverschluss gefädelt wird, wie eine Reißverschluss-Abdeckung genäht und wie ein Reißverschluss angenäht wird.

Video 2: Eine gerade Strecke an eine Rundung nähen

patty.do/rundung

Hilfreich für: u.a. Retro-Bag, Strandtasche, Kosmetiktasche, Schmucktasche

Hier lernst du, wie ein Stoffstück mit einer geraden Kante an ein rundes Stoffstück angenäht wird, ohne dass sich unerwünschte Falten bilden.

Video 3: Gurtband nähen

patty.do/gurtband

Hilfreich für: Hobo Bag, Retro Bag, Weekender

In diesem Video siehst du, wie ein verstellbarer, langer Trageriemen sowie Taschengriffe aus Gurtband genäht werden.

Video 4: Taschenträger aus Stoff nähen

patty.do/traeger

Hilfreich für: Falten-Hobo-Bag, Patchwork-Shopper

Wie du stabile Taschenträger aus passendem Stoff oder Kunstleder nähen kannst, erfährst du in diesem Nähvideo.

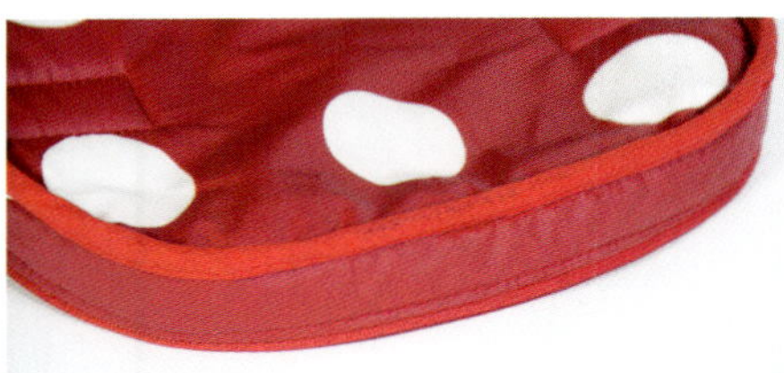

Video 5: Schrägband annähen

patty.do/schraegband

Hilfreich für: Origami-Mäppchen, Kosmetiktasche, Schmucktasche

Schau dir an, wie Schrägband in zwei Schritten angenäht wird, um damit Nahtzugaben im Tascheninneren sauber zu verdecken.

Hier findest du eine Übersicht der Online-Nähvideos für die Taschen. Wenn du den angegebenen Link in deinen Internet-Browser eingibst, gelangst du zu dem entsprechenden Nähvideo. Darin kannst du dir die verschiedenen Techniken zum Nähen von Taschen Schritt für Schritt anschauen und einfach loslegen. Alle Videos findest du unter: patty.do/taschen-lieblinge

Video 6: Paspelband herstellen und annähen

patty.do/paspelband

Hilfreich für: Falten-Hobo-Bag, Retro-Bag, Tablet-Hülle

Lerne, wie du Paspelband aus einem Stoffstreifen und Kordel selber herstellen kannst und wie es angenäht wird, um damit Taschenkanten zu verzieren.

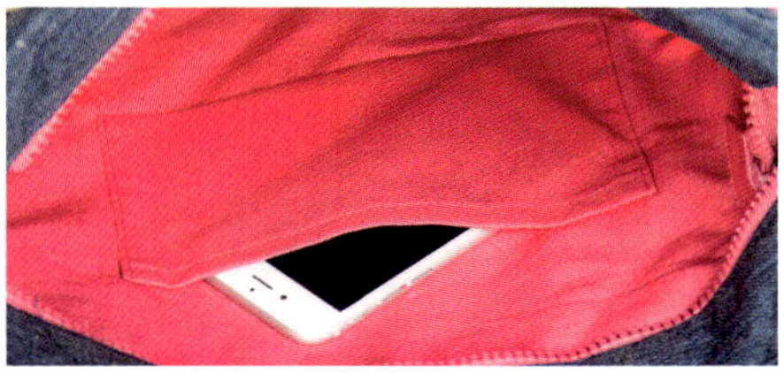

Video 7: Innentasche aufnähen

patty.do/innentasche

Hilfreich für: Retro-Bag, Rucksack-Shopper, Weekender

Zusätzlicher Stauraum in einer Tasche ist immer nützlich! In diesem Video siehst du, wie du eine einfache Innentasche auf dein Taschenfutter aufnähen kannst.

Video 8: Reißverschlussfach nähen

patty.do/rv-fach

Hilfreich für: Retro-Bag, Gürteltasche

Sieh dir an, wie verschiedene Taschen ganz einfach mit einem zusätzlichen Reißverschlussfach ausgestattet werden können.

Video 9: Wendeöffnung nähen und schließen

patty.do/wendeoeffnung

Hilfreich für: u.a. Falten-Hobo-Bag, Ruck-sack-Shopper, kleine Patchworktasche

In diesem Nähvideo siehst du, wie eine Wendeöffnung genäht werden sollte, damit sie nicht einreißt und wie du sie mit der Nähmaschine oder per Hand mit einem Matratzenstich sauber schließen kannst.

Video 10: Applikationen aufnähen

patty.do/applikation

Hilfreich für: Strandtasche

Schau dir an, wie du deine Tasche mit einer schönen Applikation verzieren kannst.

FALTEN-HOBO-BAG

Größe: 40 x 34 x 7–12 cm (H x B x T) • **Nählevel:** ●●●○ • Schnittteile 13a–d auf Bogen D

Die Hobo-Bag ist dein perfekter Begleiter für jeden Tag! Ob praktisch-bequem mit langem Trageriemen oder stylisch-elegant mit einem kurzen Schultergurt – diese Umhängetasche mit edlen Falten zieht die Blicke auf sich! Mit einem seitlichen Reißverschluss kannst du sie ganz einfach vergrößern und bringst damit gleichzeitig ein hübsches Stoffmuster zum Vorschein.

STOFFE & ZUBEHÖR

- **Oberstoff:** Kunstleder (rot), 100 x 70 cm
- **Futterstoff:** Baumwollstoff (rot mit weißen Punkten), 95 x 70 cm
- **Vlieseinlage (für das Erweiterungsteil):** Vlieseline H 630, 90 x 15 cm
- (Endlos-)Reißverschluss mit 2 Schiebern, 95 cm
- Gurtband, 4 cm breit, insgesamt mind. 1,85 m, davon Trageriemen: 1-mal 1,5 m, Schlaufen D-Ringe: 2-mal 16 cm
- 2 Metall-D-Ringe für 4 cm breites Gurtband
- 2 Metall-Karabiner für 4 cm breites Gurtband
- 1 Metall-Schieber für 4 cm breites Gurtband
- 2 Taschenringe zum Öffnen (z. B. von Prym), 3,5 cm Durchmesser (innen)
- 1 Magnetverschluss, ca. 2 cm Durchmesser
- evtl. Paspelband zur Verzierung, 2 m

Alternative

Statt Gurtband und D-Ringen kannst du auch zwei große Metallösen (14 mm Durchmesser) zur Befestigung der Taschenringe verwenden. Den kurzen Taschenhenkel kannst du auch aus einem 60 cm langen Stück Gurtband nähen.

Stoffempfehlungen

Für die Außentasche solltest du ein weiches, geschmeidiges (Kunst-)Leder oder einen strapazierfähigen, geschmeidigen Stoff verwenden, der nicht knittert (z. B. Canvas oder Denim). Für das Taschenfutter und das Erweiterungsteil eignet sich gewebter Baumwollstoff oder Nylon am besten.

ZUSCHNEIDEN

1 cm breite Nahtzugaben sind in den Schnittteilen und Zuschnittmaßen bereits enthalten. Die Schnittteile 13a–c vor dem Zuschneiden an der gekennzeichneten Linie spiegeln.

Aus Oberstoff:
2-mal Schnittteil 13a (Taschenfront)
2-mal Schnittteil 13c (Seitenteil)
2-mal Schnittteil 13d (Oberteil)
1-mal 60 x 12 cm (kurzer Taschenhenkel)

Aus Futterstoff:
2-mal Schnittteil 13a (Taschenfront)
2-mal Schnittteil 13b (Erweiterungsteil)

Aus Vlieseinlage:
1-mal Schnittteil 13b (Erweiterungsteil)
Bügle die Vlieseinlage entsprechend den Herstellerangaben auf das Schnittteil auf und lass das verstärkte Stoffteil vor dem Nähen gut auskühlen.

HINWEIS

Teste zuvor, ob deine Nähmaschine gut mit fünf Lagen Kunstleder zurechtkommt. Anderenfalls kannst du die Tasche auch prima aus Stoff nähen. Tipps zum Nähen von Kunstleder findest du auf Seite 16.

Folgende Videos helfen dir bei dieser Anleitung:
- Video 1: Reißverschluss annähen | patty.do/reissverschluss
- Video 2: gerade Strecke an Rundung nähen | patty.do/rundung
- Video 3: Gurtband nähen | patty.do/gurtband
- Video 9: Wendeöffnung nähen | patty.do/wendeoeffnung

SO GEHT'S

Taschenfronten vorbereiten

1 Lege die Falten an den Taschenfronten gemäß den Markierungen auf den Schnittteilen. Die Pfeile geben die Richtung an, in die die Falten gelegt werden müssen. Bei den Taschenfronten aus Oberstoff werden die Falten von der Mitte weg gelegt (das Falteninnere zeigt zur Mitte). Bei den Taschenfronten aus Futterstoff werden die Falten zur Mitte hingelegt (das Falteninnere zeigt nach außen). Fixiere die Falten füßchenbreit mit kurzen Nähten 1.

Reißverschluss-Seitenteil vorbereiten

2 Fädle zwei Schieber auf den Endlos-Reißverschluss und kürze ihn auf 85 cm. Nähe den Reißverschluss mit einem Kantennähfuß rechts auf rechts an beide Seitenteile. Lege die Nahtzugaben jeweils in Richtung Seitenteil und steppe die Kanten von rechts knappkantig ab 2. Sieh dir hierzu das Nähvideo an: Video 1.

3 Nähe das mit Vlieseinlage verstärkte Erweiterungsteil rechts auf links an die Längskanten des vorbereiteten Reißverschluss-Seitenteils. Da das Erweiterungsteil im mittleren Bereich breiter ist, bildet sich dort eine Wulst 3.

Außentasche und Taschenfutter zusammennähen

4 Stecke das Seitenteil – beginnend an der unteren Mitte (Knipse) – gleichmäßig verteilt rechts auf rechts an die Taschenfronten. Schneide die Nahtzugabe des Seitenteils evtl. in mehreren Abständen etwas ein, damit du es besser an die Rundungen der Taschenfronten stecken kannst. Beim Annähen liegt das Seitenteil oben 4a. Sieh dir hierzu das Nähvideo an: Video 2.
Kürze anschließend die Nahtzugaben an den Rundungen auf 0,5 cm 4b.

5 Nähe auf die gleiche Weise das Taschenfutter zusammen, lass jedoch an einer Naht 25 cm zum Wenden offen 5.

Oberteil vorbereiten

6 Nähe beide Oberteile rechts auf rechts an den kurzen Kanten zu einem Ring zusammen und lege (bügle) die Nahtzugaben auseinander. Schiebe je einen D-Ring auf die 16 cm langen Gurtbänder und positioniere diese mittig auf den Nähten, sodass sie bündig an der oberen und unteren Kante liegen. Für Bewegungsspielraum sollte der Gurt im Bereich der D-Ringe lockerer – mit „etwas Luft" – liegen. Bei der Fixierung des Gurtbands hilft Stylefix. Steppe die Gurtbänder ober- und unterhalb der D-Ringe knappkantig auf 6a.
Befestige die Magnetverschlussteile mittig auf beiden Oberteilhälften mit 4 cm Abstand zur unteren Kante 6b. Falte den Oberteil-Ring links auf links und nähe die untere Kante rundherum grob nähfüßchenbreit zusammen 6c.

1

2

3

4a

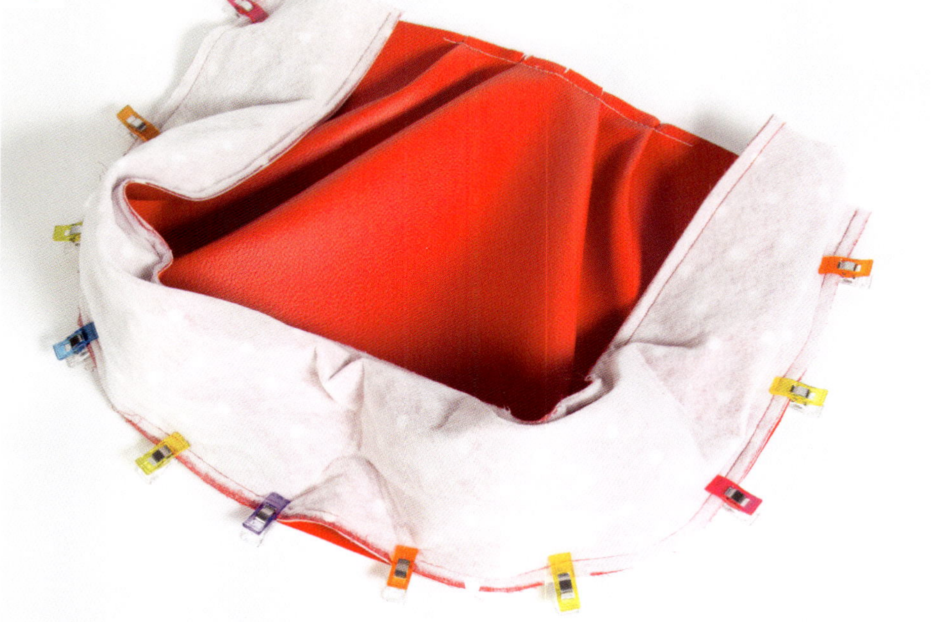

4b

5

6a

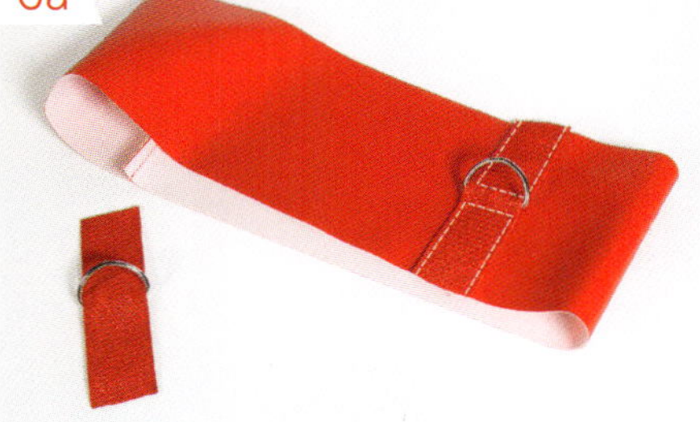

6b

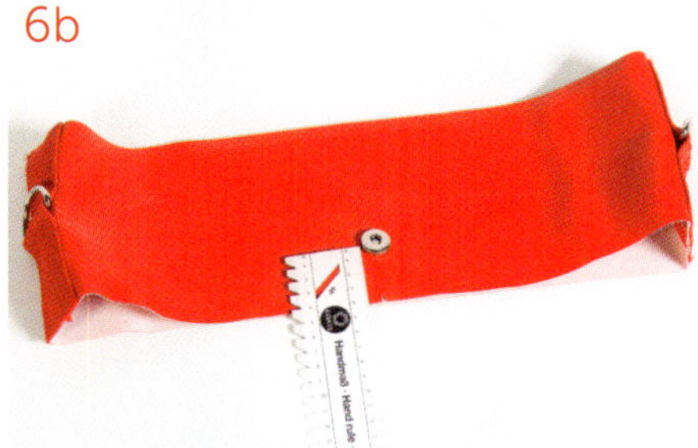

6c

7a

7b

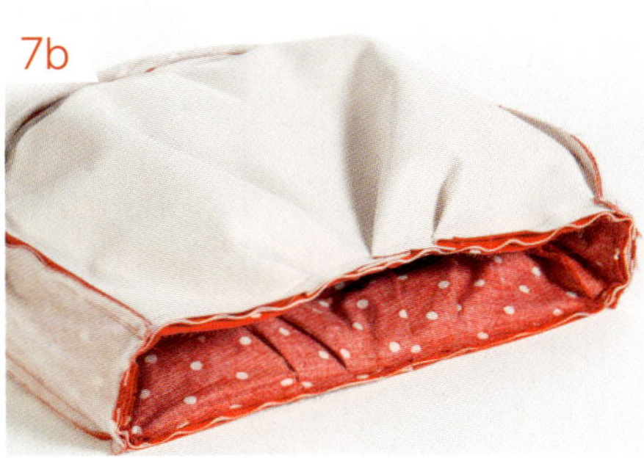

7c

8

Tasche fertigstellen

7 Stecke das Taschenfutter rechts auf rechts in die Außentasche und lege dazwischen das Oberteil, sodass alle Stoffkanten bündig zusammenliegen. Der Magnetverschluss zeigt zum Taschenfutter. Die Gurtbänder vom Oberteil treffen auf die Reißverschlussenden der Außentasche bzw. mittig auf das Seitenteil des Taschenfutters 7a. Nähe alle drei Stofflagen rundherum zusammen 7b. Wende die Tasche und schließe die Wendeöffnung 7c. Sieh dir hierzu das Nähvideo an: ▶ Video 9.

Trageriemen aus Gurtband

8 Nähe aus dem langen Gurtband, den zwei Karabinern und dem Schieber einen langen verstellbaren Trageriemen 8. Sieh dir hierzu das Nähvideo an: ▶ Video 3.

Taschenhenkel aus Kunstleder

9 Falte die Längskanten des Kunstlederstreifens übereinander, verwende dabei Stoffklammern und evtl. Textilkleber zur Fixierung 9a. Steppe die Kanten 5 mm breit ab. Schlage die Enden 1 cm und 2,5 cm um und steppe sie fest. Stecke die Taschenringe in die Schlaufen 9b.
Befestige beide Gurte an den D-Ringen der Tasche.

9a

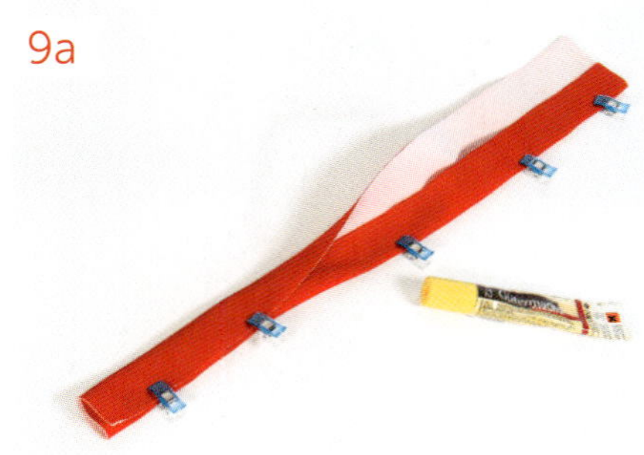

9b

TIPP

Wenn du die Tasche aus Stoff nähst, kannst du die runden Kanten mit Paspelband verzieren. Sieh dir hierzu das Nähvideo an: ▶ Video 6.

RETRO-BAG

Größe: 26 x 40 x 12 cm (H x B x T) • **Nählevel:** • Schnittteile 9a–d auf Bogen C

Retro ist ausgefallen, verspielt und liegt voll im Trend! Es gibt viele Stoffe mit außergewöhnlichen Retromustern. Such dir genau das aus, was zu dir passt. Das Muster wird mit farblich passendem Paspelband wunderschön „gerahmt". Zwei Taschengriffe und ein langer Trageriemen machen diese Tasche zu deinem idealen Begleiter für den Alltag.

STOFFE & ZUBEHÖR

- **Oberstoff 1:** Baumwollcanvas mit Retromuster, 90 x 45 cm
- **Oberstoff 2:** fester Stoff (Taschenstoff „Rom" in Türkis von Swafing), 80 x 15 cm
- **Futterstoff:** laminierter Baumwollstoff (türkis mit weißen Punkten), 90 x 60 cm
- **Vlieseinlage 1 (für den Oberstoff):** Vlieseline H 640, 90 x 60 cm
- **Vlieseinlage 2 (für den Futterstoff):** Vlieseline H 250, 90 x 60 cm
- evtl. Material für Eckenapplikation, z. B. Kunstleder, 30 x 30 cm
- Paspelband, 2,5 m
- (Endlos-)Reißverschluss mit 2 Schiebern, 50 cm
- Gurtband, 4 cm breit, insgesamt 3,06 m, davon Trageriemen: 1-mal 1,5 m, Schlaufen Trageriemen: 2-mal 8 cm, Taschengriffe: 2-mal 50 cm, Schlaufen Taschengriffe 4-mal 10 cm
- 4 Vierkant-Ringe für 4 cm breites Gurtband
- 2 D-Ringe für 4 cm breites Gurtband
- 2 Karabiner für 4 cm breites Gurtband
- 1 Schieber für 4 cm breites Gurtband

Stoffempfehlungen

Als Oberstoff empfiehlt sich ein fester, strapazierfähiger Stoff wie Baumwollcanvas, Denim, Oxfordgewebe, Kunstleder, Wachstuch oder Polyestercanvas.

Variante

Statt der Taschengriffe aus Gurtband kannst du auch fertige Henkel aus Kunstleder verwenden, dann benötigst du das Gurtband für die Griffe und die Vierkantringe nicht.
Wenn du magst, kannst du die Taschenfront mit einem Reißverschlussfach nähen. Dann brauchst du zusätzlich aus Futterstoff 2-mal das Schnittteil 9a und einen 20 cm langen (Endlos-)Reißverschluss.

ZUSCHNEIDEN

1 cm breite Nahtzugaben sind in den Schnittteilen und Zuschnittmaßen bereits enthalten.

Aus Oberstoff 1:
2-mal Schnittteil 9a (Taschenfront)
2-mal Schnittteil 9b (Seitenteil)
evtl. 18 x 15 cm (Innentasche)

Aus Oberstoff 2:
1-mal Schnittteil 9c (Taschenboden)
evtl. 4-mal Eckenapplikation 9d, davon 2-mal gegengleich

Aus Futterstoff:
2-mal Schnittteil 9a (Taschenfront)
2-mal Schnittteil 9b (Seitenteil)
1-mal Schnittteil 9c (Taschenboden)

Aus Vlieseinlage 1:
2-mal Schnittteil 9a (Taschenfront)
2-mal Schnittteil 9b (Seitenteil)
1-mal Schnittteil 9c (Taschenboden)

Aus Vlieseinlage 2:
2-mal Schnittteil 9a (Taschenfront)
2-mal Schnittteil 9b (Seitenteil)
1-mal Schnittteil 9c (Taschenboden)

Bügle die Vlieseinlage entsprechend den Herstellerangaben auf die Schnittteile auf und lass die verstärkten Stoffteile vor dem Nähen gut auskühlen.

Folgende Videos helfen dir bei dieser Anleitung:

- Video 1: Reißverschluss annähen | patty.do/reissverschluss
- Video 2: gerade Strecke an Rundung nähen | patty.do/rundung
- Video 3: Gurtband nähen | patty.do/gurtband
- Video 6: Paspelband annähen | patty.do/paspelband
- Video 7: Innentasche aufnähen | patty.do/innentasche
- Video 8: Reißverschlussfach nähen | patty.do/rv-fach
- Video 9: Wendeöffnung nähen | patty.do/wendeoeffnung
- Video 10: Applikationen aufnähen | patty.do/applikation

SO GEHT'S

Reißverschluss-Oberteil vorbereiten

1 Fädle zwei Schieber auf einen Endlosreißverschluss und schneide ihn auf 45,5 cm Länge zu. Nähe den Reißverschluss mit einem Kantennähfuß rechts auf rechts an die Kante eines Oberstoff-Seitenteils. Lege ein Futterstoff-Seitenteil rechts auf rechts bündig auf das Oberstoffteil und nähe es mit dem Kantennähfuß an. Beim Annähen liegt das Oberstoffteil oben, nähe entlang der ersten Naht. Beginne und ende mit der Naht jeweils 1,5 cm von der Stoffkante entfernt 1a (nur beim Futterstoff!). Sieh dir hierzu das Nähvideo an: Video 1. An der anderen Reißverschlusshälfte verfährst du ebenso. Klappe anschließend die Oberstoff- und Futterstoffteile um und steppe die Stoffkanten am Reißverschluss knappkantig ab. Beginne und ende mit der Naht jeweils 1,5 cm von der Stoffkante entfernt 1b.

Seitenteil vorbereiten

2 Verziere den Oberstoff-Taschenboden mit dekorativen Steppnähten. Diese sorgen auch dafür, dass die Tasche formstabiler wird. Zeichne die Stepplinien mit Kreide oder einem entfernbaren Markierstift auf, z. B. in einem 45-Grad-Winkel mit 4 cm Abstand in die eine und die andere Richtung 2a. Steppe entlang der Linien mit einem Geradstich (Stichlänge 3 mm). Lege die 8 cm langen Gurtbänder mit den D-Ringen zu Schlaufen und nähe sie mittig rechts auf rechts an die kurzen Kanten des gesteppten Taschenbodens 2b.

3 Nähe das Reißverschluss-Oberteil mit dem Taschenbodenteil rechts auf rechts an den kurzen Kanten zu einem Ring zusammen. Dabei liegen die Oberstoffseiten innen zusammen 3. Achtung: Nähe hierbei die Futterteile nicht mit! (Deshalb wurden beim Annähen des Reißverschlusses jeweils 1,5 cm offen gelassen.)

4 Nähe das Paspelband mit dem Kantennähfuß rechts auf rechts nähfüßchenbreit an beide Kanten des Seitenteil-Ringes. Beginne jeweils an der Mitte des Bodenteils (Knips) und nähe die ersten 3 cm des Paspelbandes nicht fest 4a. Wenn du wieder unten angelangt bist und bevor du die Naht zu Ende nähst, werden die Paspelbandenden wie folgt sauber verarbeitet: Falte die Stoffkanten vom Paspelbandanfang nach innen und kürze das Ende des Paspelbandes soweit, dass es von der gefalteten Stoffkante verdeckt wird. Nähe nun diese restliche Strecke 4b. Sieh dir hierzu das Nähvideo an: Video 6. Achte darauf, dass du beim Annähen des Paspelbandes die Futterteile nicht mitnähst!

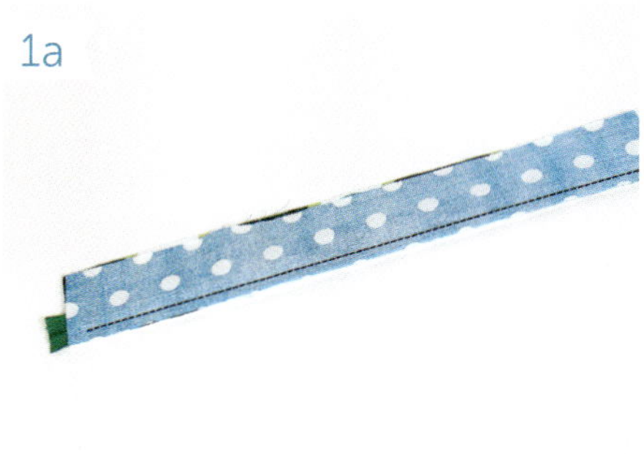

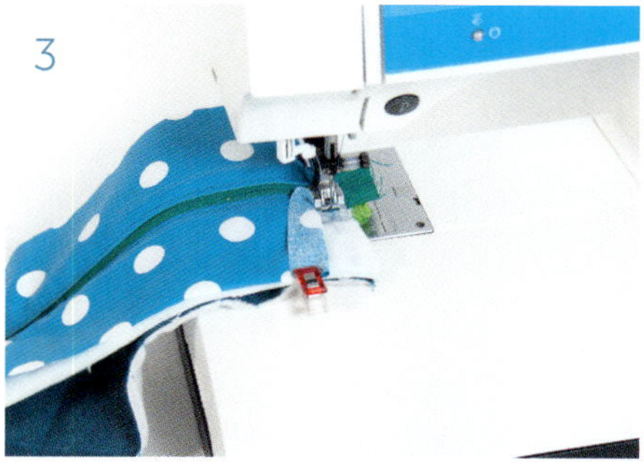

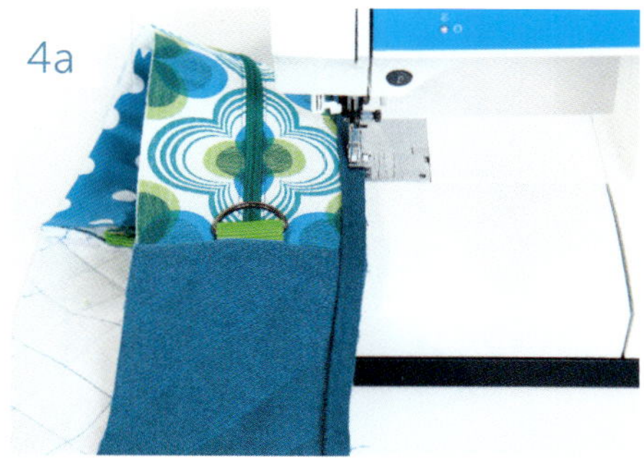

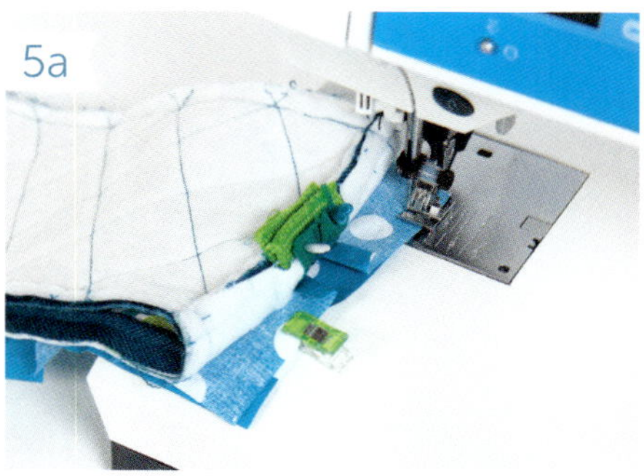

Taschenfutter annähen

5 Nähe den Futterstoff-Taschenboden rechts auf rechts an die beiden inneren Reißverschlussstreifen. Drücke die Nahtzugabe vom Außenteil zur Seite und verwende einen Kantennähfuß, damit du gut auf den schmalen Stücken (1,5 cm) nähen kannst 5a. An deinem Oberstoff-Ring ist nun ein Futterstoff-Ring angebracht 5b.

6 Wenn du möchtest, nähst du auf eine Futter-Taschenfront nun noch eine Innentasche. Sieh dir hierzu das Nähvideo an: Video 7.

7

9

10a

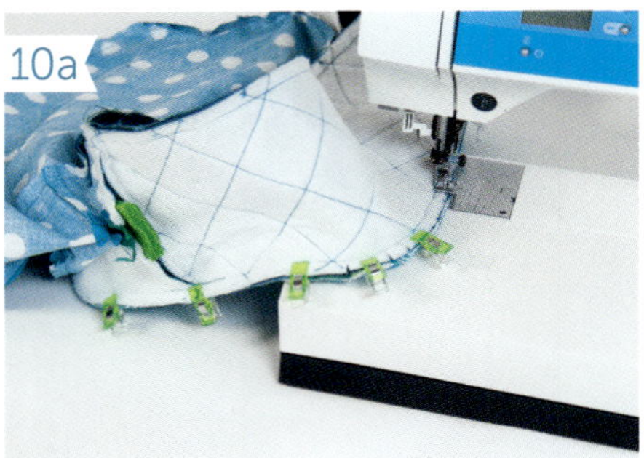

10b

7 Stecke den Futterstoff-Ring gleichmäßig verteilt an die Futter-Taschenfronten, dabei treffen die Knipse vom Seitenteil und Taschenboden auf die obere und untere Mitte der Taschenfront, die Verbindungsnähte treffen auf die seitlichen Knipse der Taschenfront. Schneide die Stoffkanten des Rings mehrfach in 1 cm großen Abständen etwa 7 mm ein, um ihn gleichmäßig verteilt an die Rundungen der Taschenfronten stecken zu können. Sieh dir hierzu das Nähvideo an: Video 2. Der Futterstoff-Ring liegt beim Annähen an die Futter-Taschenfronten oben 7. Lass am Boden einer Taschenfront eine etwa 30 cm große Öffnung zum Wenden und pass gut auf, dass du den Oberstoff nicht festnähst!

Taschenfronten aus Oberstoff vorbereiten

8 Nähe, wenn du möchtest, auf eine Taschenfront ein Reißverschlussfach. Sieh dir hierzu das Nähvideo an: Video 8. Außerdem kannst du die unteren Taschenrundungen mit Applikationen verzieren: Lege diese bündig auf und steppe sie knappkantig fest (bei Kunstleder hilft Stylefix beim Fixieren). Sieh dir hierzu das Nähvideo an: Video 10.

Taschengriffe

9 Bereite die Taschengriffe aus Gurtband vor: Falte die beiden 50 cm langen Gurtbänder der Länge nach und nähe sie im mittleren Bereich über 14 cm zusammen. Lege die Enden 5 cm um die Vierkantringe und nähe sie mit einem Kreuz fest. Lege die 10 cm langen Gurtbänder ebenfalls um die Vierkantringe und falte sie so, dass die beiden Enden auf der Rückseite mittig zusammenstoßen. Verwende evtl. Stylefix zur Fixierung. Übertrage die Positionen vom Schnittteil auf die Tasche und nähe die Gurtbandhenkel jeweils mit einem Kreuz an 9. Sieh dir hierzu das Nähvideo an: Video 3.

HINWEIS

Wenn du fertige Taschengriffe verwendest, werden diese ganz zum Schluss von Hand an die Tasche genäht.

Tasche fertigstellen

10 Stecke den Oberstoff-Ring gleichmäßig verteilt an die Taschenfronten, gehe dabei wie beim Annähen der Futterstoff-Taschenfronten vor. Benutze einen Kantennähfuß, um möglichst nah an der Paspelwulst nähen zu können. Orientiere dich an der Paspelnaht: Nähe 2–3 mm links daneben 10a. Achte darauf, dass du das Taschenfutter nicht mitnähst! Sieh dir hierzu das Nähvideo an: Video 6.
Nähe die Nahtzugaben von Außen- und Futtertasche an den beiden oberen, geraden Kanten nähfüßchenbreit zusammen 10b.

11 Wende die Tasche und schließe die Wendeöffnung. Sieh dir hierzu das Nähvideo an: Video 9.
Fertige den Trageriemen mit Karabinern und Schieber und befestige ihn an den D-Ringen der Tasche. Sieh dir hierzu das Nähvideo an: Video 3.

PORTEMONNAIE

Größe: 10 x 18,5 x 3 cm (H x B x T) • **Nählevel:** ●●○○ • Schnittteile 7a–d auf Bogen A und B

Du willst immer alles Wichtige bei dir haben? Dann ist dieses Portemonnaie genau das Richtige für dich! Mit mehreren kleinen und großen Fächern sowie einem Reißverschlussfach ist es ein wahres Raumwunder. Dabei ist es nicht nur praktisch, sondern auch schön: Vier farbenfrohe Stoffe sorgen dafür, dass die Verkäufer nicht nur an deinem Geld interessiert sind!

STOFFE & ZUBEHÖR

- **Oberstoff:** gewebter Baumwollstoff (blau mit Blütendruck), 45 x 35 cm
- **Futterstoff 1:** gewebter Baumwollstoff (gelborange mit floralem Druck), 65 x 35 cm
- **Futterstoff 2:** gewebter Baumwollstoff (gelb), 40 x 40 cm
- **Futterstoff 3:** gewebter Baumwollstoff (blau), 40 x 40 cm
- **Vlieseinlage 1:** Vlieseline H 250, 90 x 35 cm
- **V lieseinlage 2:** Vlieseline H 180, 80 x 80 cm
- nicht teilbarer Reißverschluss, 20 cm
- 1 Steckschloss, 3 x 2,5 cm, oder 1 Drehverschluss, 2 x 3,5 cm

HINWEIS

Wenn dein Stoff für die Außentasche ein Muster mit einem Richtungsverlauf hat, achte beim Zuschneiden darauf, dass das Stoffmuster von oben (Taschenklappe) nach unten verläuft.

ZUSCHNEIDEN

1 cm breite Nahtzugaben sind in den Schnittteilen bereits enthalten.

Aus Oberstoff 1:
1-mal Schnittteil 7a (Außentasche)

Aus Futterstoff 1:
1-mal Schnittteil 7a (Außentasche)
1-mal Schnittteil 7b (Rückseite Kartenfächer)

Aus Futterstoff 2:
2-mal Schnittteil 7c (Kartenfächer)

Aus Futterstoff 3:
4x Schnittteil 7d (Trenn-/Reißverschlussfach)

Aus Vlieseinlage 1:
2-mal Schnittteil 7a (Außentasche)

Aus Vlieseinlage 2:
2-mal Schnittteil 7c (Kartenfächer)
4-mal Schnittteil 7d (Trenn-/Reißverschlussfach)

Bügle die Vlieseinlage entsprechend den Herstellerangaben auf die Schnittteile auf und lass die verstärkten Stoffteile vor dem Nähen gut auskühlen.

Folgendes Video hilft dir bei dieser Anleitung:
Video 1: Reißverschluss annähen | patty.do/reissverschluss

SO GEHT'S

Außentasche vorbereiten

1 Nähe die Außentaschenteile rechts auf rechts zusammen. Damit der Nahtverlauf an der geformten Taschenklappe schön sauber wird, kannst du anhand des Schnittteils (gestrichelte Nahtlinie) eine Schablone herstellen und die Nahtlinie mit Kreide oder einem Markierstift auf den Stoff übertragen. Lass an der unteren Kante eine 12 cm große Öffnung zum Wenden. Schneide an den Rundungen aus der Nahtzugabe kleine Dreiecke heraus und kürze die Nahtzugabe auf 0,5 cm 1.

2 Wende das Taschenteil und verwende ein Stäbchen o. Ä., um die Rundungen schön sauber auszuformen. Bügle das Taschenteil, sodass die Naht genau in der Kante liegt, und lege die Nahtzugabe an der Öffnung sauber in das Teil.
Steppe das Taschenteil an den seitlichen Rundungen und an der unteren Kante 0,5 cm breit ab 2.

Kartenfächer vorbereiten

3 Falte die beiden Kartenfächer anhand der Knipse. Steppe die Falten seitlich knappkantig fest und nähe mittig eine gerade Naht, so erhältst du sechs Fächer pro Teil 3.

4 Nähe beide Kartenfächerteile rechts auf rechts an der unteren Kante zusammen (siehe Schnittteil 7c, Markierung) und bügle die Nahtzugabe auseinander. Nähe es dann rechts auf rechts oben und unten mit der Kartenfächer-Rückseite zusammen. Wende das fertige Kartenfächerteil und bügle es 4.

Reißverschlussfach vorbereiten

5 Versäubere ggf. das Reißverschlussende mit zwei Stoffstücken (4 cm lang und 3 cm breit). Der Reißverschluss inklusive Abdeckung muss insgesamt so lang sein wie das Reißverschlussfach (18,5 cm) 5. Sieh dir hierzu das Nähvideo an: Video 1.

6 Nähe den Reißverschluss mit einem Kantennähfuß rechts auf rechts an die Kante einer Reißverschlussfach-Außenseite, das kleine Metallstück für den Reißverschlussanfang sollte dabei etwa 1 cm von der Stoffkante entfernt sein. Achte darauf, die Kanten nicht zu vertauschen: Der Reißverschluss kommt an die etwas kürzere, 18,5 cm lange Kante.
Lege eine Reißverschlussfach-Innenseite rechts auf rechts auf die Außenseite und nähe sie entlang der gleichen Naht an. An der anderen Kante verfährst du ebenso. Klappe dann die Außen- und Innenseiten jeweils um und steppe die Stoffkanten am Reißverschluss knappkantig ab 6. Sieh dir hierzu das Nähvideo an: Video 1.

7 Nähe die Reißverschlussfach-Außenseiten an die Innenseiten: Klappe sie zur anderen Seite über den Reißverschluss um und nähe sie an der unteren Kante rechts auf rechts zusammen. Ziehe die dazwischenliegenden Teile etwas beiseite, damit du sie nicht versehentlich mitnähst 7.

1

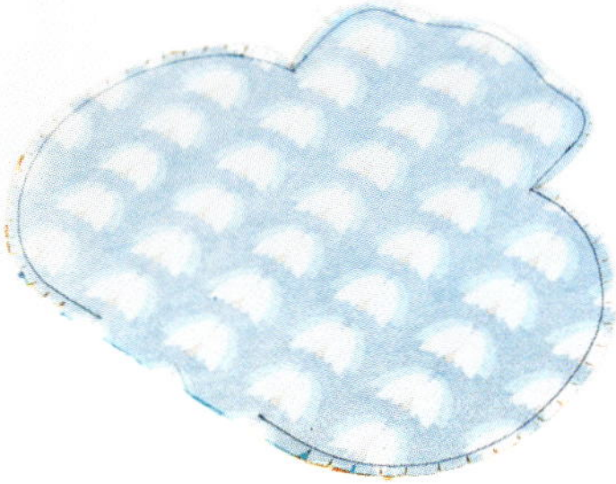

2

3

4

5

6

8 Wende die Reißverschlussfachhälften und steppe die gebügelten Kanten knappkantig ab. Lege beide Hälften bündig aufeinander und steppe sie an den Seiten knappkantig zusammen 8.

7

8

9

10

11

12

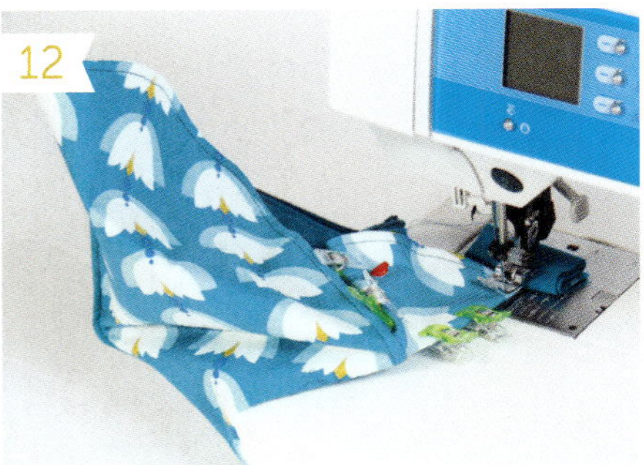

Portemonnaie fertigstellen

9 Lege das Kartenfächerteil mittig zwischen beide Flügel auf die Innenseite der Außentasche. Der Abstand zu den oberen Ecken und zur unteren Kante beträgt jeweils 1 cm. Klappe dann die beiden runden Flügel zur Mitte und steppe die seitlichen Kanten und die Taschenklappe 0,5 cm breit ab. Damit werden gleichzeitig die Kanten der Kartenfächer rechts und links verdeckt und angenäht 9.

10 Biege die Flügel der Außentasche auseinander und lege das Reißverschlussfach bündig auf das Kartenfächerteil. Der Reißverschluss zeigt nach oben zur Klappe. Zeichne evtl. zuvor mit Kreide oder einem Markierstift die Nahtlinie mittig auf und nähe das Reißverschlussfach gerade fest 10.

11 Übertrage die Faltlinien-Markierungen von Schnittteil 7a mit Stecknadeln an die Flügelkanten und falte sie entsprechend zieharmonikaförmig nach innen und außen, sodass auf jeder Seite drei nach innen und zwei nach außen zeigende Falten entstehen. Befestige das Reißverschlussfach in den nach außen zeigenden Falten, z.B. mit Stoff- oder Buchklammern 11.

12 Steppe die Falten mit dem Reißverschlussfach 0,5 cm zusammen. Achte darauf, dass das Reißverschlussfach mitgefasst wird 12.

TIPP

Lege beim Zusammensteppen von Falten und Reißverschlussfach am Nahtanfang ein mehrfach gefaltetes Stück Stoff unter den hinteren Teil des Nähfüßchens, damit der Stoff besser transportiert wird.

13 Befestige zuletzt den Drehverschluss oder das Steckschloss entsprechend den Herstellerangaben. Bringe zuerst das Teil an der Taschenklappe an und dann das Gegenstück am Portemonnaie. Schließe dafür die Klappe und ermittle die entsprechende Position. Achtung: Schließe die Klappe locker mit „etwas Luft", damit sie später nicht spannt, wenn das Portemonnaie gefüllt ist.

RUCKSACK-SHOPPER

Größe: 41 x 26 x 10 cm (H x B x T) • **Nählevel:** ●●○○ • Schnittteil 10 auf Bogen B

Tasche oder Rucksack – was nehme ich heute nur? Ganz einfach: beides in einem! Mit diesem raffinierten Rucksack-Shopper kannst du durch das Verstellen der Gurtbänder entscheiden, welche Tragevariante es sein soll. Ein wahres Multitalent!

STOFFE & ZUBEHÖR

- Oberstoff 1: Taschenstoff gesteppt (Steppstoff „Moskau" von Swafing), 55 x 110 cm
- Oberstoff 2 (für das Außenfach): Baumwollcanvas (blau mit Punkten), 45 x 35 cm
- Futterstoff: gewebter Baumwollstoff (pink), 95 x 45 cm
- Reißverschluss, teilbar, 40 cm
- Gurtband, 3 cm breit, insgesamt mind. 4,07 m, davon Reißverschlussende: 1-mal 10 cm, Führungen für Tragegurte auf Außentasche: 2-mal 41 cm, Tragegurte: jeweils 1-mal 1,45 m, 1,20 m und 50 cm
- 1 Schieber zum Verstellen für 3 cm breites Gurtband
- 1 Druckknopf (aus Metall), 15 mm Durchmesser
- evtl. 1 Gurtbandende aus Metall für 3 cm breites Gurtband
- evtl. 2 Karabiner und Webband zum Befestigen einer Tablet-Hülle im Taschenfutter

Variante

Wenn du möchtest, kannst du an das Taschenfutter zwei Karabiner annähen, um daran die Tablet-Hülle von Seite 44 zu befestigen.

Stoffempfehlungen

Als Oberstoff empfehlen sich feste Stoffe mit Stand wie Canvas, Denim, Kunstleder. Dünnere Stoffe sollten zuvor mit Vlieseinlage (z. B. Vlieseline H 250 und H 630) verstärkt werden.

ZUSCHNEIDEN

1 cm breite Nahtzugaben sind in den Schnittteilen und Zuschnittmaßen bereits enthalten.

Aus Oberstoff 1:
2-mal Schnittteil 10 (Außentasche)
4-mal 6 x 34 cm (Reißverschlusstreifen)

Aus Oberstoff 2:
1-mal 41 x 34 cm (Außenfach)

Aus Futterstoff:
2-mal 47 x 41 cm (Taschenfutter)

Folgende Videos helfen dir bei dieser Anleitung:

- **Video 1:** Reißverschluss annähen | patty.do/reissverschluss
- **Video 3:** Gurtband nähen | patty.do/gurtband
- **Video 9:** Wendeöffnung nähen | patty.do/wendeoeffnung

SO GEHT'S

Reißverschlussstreifen vorbereiten

1 Kürze den Reißverschluss auf 36 cm (gemessen vom Anfang der Zähnchenreihe) und lege eine 10 cm lange Gurtbandschlaufe um die Schnittkante, sodass die Gurtbandenden mit dem Reißverschlussende zusammentreffen. Nähe alle drei Lagen zusammen 1a, stülpe das Gurtband herum und steppe es rundherum zusammen 1b.

2 Nähe jeweils zwei Stoffstreifen an eine Reißverschlusshälfte und gehe dabei wie folgt vor: Falte die kurzen Kanten des ersten Stoffstreifens 1 cm auf die linke Stoffseite um und nähe den Reißverschluss mit einem Kantennähfuß an. Lege den Anfang der Reißverschlusszähnchen rechts auf rechts an die gefaltete Stoffkante und klappe das überstehende Reißverschlussband schräg zur Seite 2a.
Falte auch beim zweiten Stoffstreifen die kurzen Kanten jeweils 1 cm um und lege ihn bündig rechts auf rechts auf den ersten Stoffstreifen. Nähe ihn entlang der ersten Naht fest 2b. Sieh dir hierzu das Nähvideo an: **Video 1**.
Klappe beide Stoffstreifen bündig links auf links, wobei die die kurzen, umgefalteten Kanten aufeinanderstoßen. Steppe beide Streifen mit einem Kantennähfuß an den kurzen Enden und entlang der Reißverschlusskante zusammen. Nähe auf die gleiche Weise die zwei übrigen Stoffstreifen an die zweite Reißverschlusshälfte 2c.

Außentasche vorbereiten

3 Fixiere die 41 cm langen Gurtbänder jeweils auf der Vorder- und Rückseite der Außentasche. Positioniere sie 8 cm von der oberen Kante entfernt und steppe sie links und rechts wie auf dem Schnittteil markiert fest. Das Gurtband auf der Rückseite wird auch mittig festgenäht, sodass zwei Durchlässe von 4 cm Breite bleiben 3.

4 Fixiere die Tragegurte entsprechend den Markierungen auf der Außentasche nähfüsschenbreit an den unteren Kanten von Vorder- und Rückseite. Nähe an die Vorderseite das 145 cm lange Gurtband. Achte darauf, dass es nicht verdreht ist. Lege den Tragegurt durch die Öffnung am oberen aufgenähten Gurt und fixiere ihn zusätzlich auf beiden Seiten mit einer Quernaht ca. 25 cm von der unteren Stoffkante entfernt 4a.
Nähe an die Rückseite links das kurze Gurtband (50 cm) und rechts das lange Gurtband (1,20 m) nähfüsschenbreit sowie im Abstand von 6 cm zur unteren Kante fest. Fädele das lange Gurtband durch die Öffnungen am oberen aufgenähten Gurt und befestige am Ende die Schieber mit einem aufgenähten Kreuz 4b. Sieh dir hierzu das Nähvideo an: **Video 3**.

5 Bereite das Außenfach vor: Bügle die obere Kante zweimal 1,5 cm breit um und steppe sie fest. Nähe das Fach nähfüßchenbreit bündig an die unteren drei Kanten der Taschenvorderseite. Markiere die Druckknopfposition auf dem Fach und die Position des Gegenstücks auf der Tasche. Befestige beide Druckknopfteile entsprechend den Herstellerangaben mit einem Hammer oder geeigneten Werkzeugen 5.

TIPP

Befestige die Druckknöpfe mit einem gefalteten Stück Stoff auf der Rückseite, dann haben sie einen besseren Halt.

6 Nähe das Reißverschlussteil mittig rechts auf rechts an die oberen Kanten der Außentaschenteile 6. Öffne dafür den Reißverschluss.

1a

1b

2a

2b

2c

3

4a

4b

5

6

7a

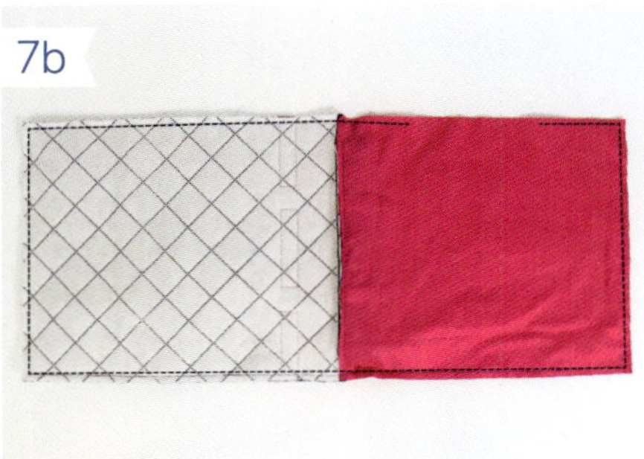

7b

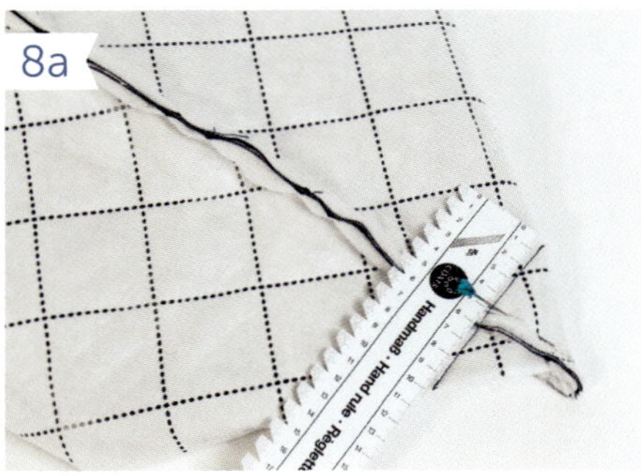

8a

Tasche fertigstellen

7 Nähe die Futtertaschenteile jeweils rechts auf rechts an die oberen Kanten der Außentaschenteile (die Reißverschlussstreifen liegen dazwischen) 7a.
Lege nun die Vorder- und Rückseite der Außentasche sowie die beiden Taschenfutterteile rechts auf rechts zusammen, die Verbindungsnähte von Außentaschen und Taschenfutter treffen aufeinander. Nähe beide Teile rechts auf rechts rundherum zusammen. Lege die Nahtzugabe der Verbindungsnähte dabei in Richtung Außentasche und lass im Futter eine 25 cm große Öffnung zum Wenden 7b.

Bodenecken abnähen

8 Um der Tasche Tiefe zu verleihen, werden nun noch die Bodenecken von Außentasche und Futter abgenäht. Ziehe dazu jeweils die Ecken so auseinander, dass die Seitennaht genau auf der Bodennaht liegt. Es ergeben sich seitlich zwei Dreiecke, die Bodenecken. Steppe diese Ecken quer zur Seitennaht über 10 cm ab 8a. Schneide die Ecken so ab, dass ca. 1 cm Nahtzugabe stehen bleibt 8b.

9 Wende die Tasche und schließe die Öffnung. Sieh dir hierzu das Nähvideo an: Video 9. Stülpe anschließend das Taschenfutter so weit in die Außentasche, dass über dem Reißverschlussstreifen eine 2,5 cm breite Kante übersteht. Stecke diese rundherum fest 9a.
Nähe die überstehende Kante rundherum fest: Führe die linke Kante des Nähfüßchens entlang der Reißverschlussteilkante. Achte darauf, dass die innen liegende Nahtzugabe in Richtung obere Taschenkante liegt, so wird sie durch die Naht gleichzeitig fixiert 9b.

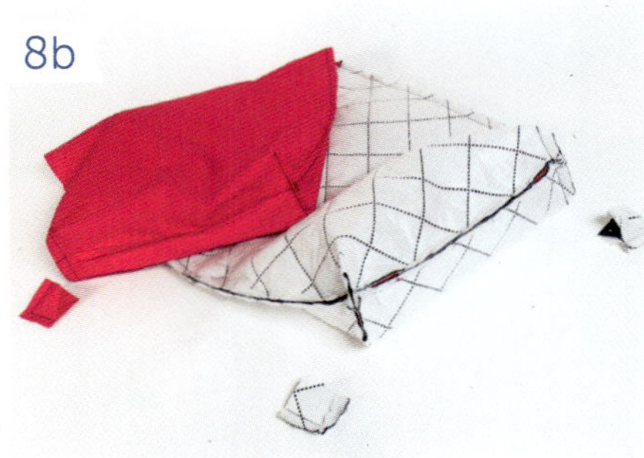

8b

9a

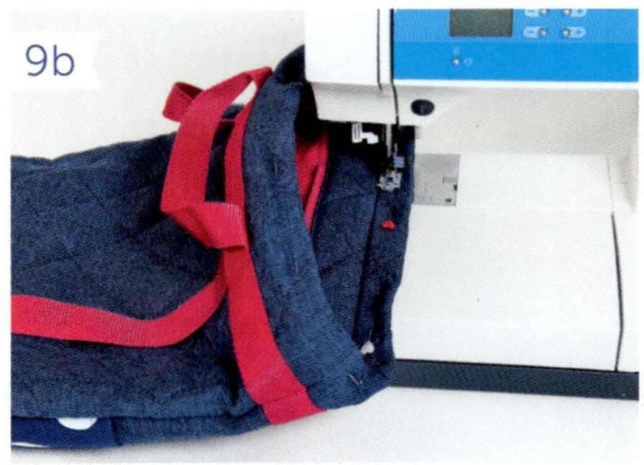

9b

HINWEIS

Für die Rucksack-Funktion kannst du den vorderen Träger in das Außenfach stecken und den hinteren Träger entsprechend verstellen.

BASIL

TABLET-HÜLLE

Größe: kleine Hülle (für E-Book-Reader bis 17 x 12 cm): 20 x 15 cm (H x B); große Hülle (für Tablets bis 24 x 18,5 cm): 26 x 20,5 cm (H x B) • **Nählevel:** ● ○ ○ ○ • Schnittteile 14a–c (große Hülle) und 15a–c (kleine Hülle) auf Bogen D

Was uns viel wert ist, wollen wir schützen – deshalb brauchen Tablet und E-Book-Reader eine Hülle! Aber wer mag schon die langweiligen fabrikgefertigten Taschen. Du hast dein Tablet oder deinen Reader fast immer dabei, da muss die Hülle auch etwas „hermachen" und zu dir passen. Näh dir also deine eigene Hülle, das ist gar nicht so schwierig.

STOFFE & ZUBEHÖR

- **Oberstoff 1:** Baumwollcanvas (schwarz), große Hülle: 70 x 30 cm, kleine Hülle: 50 x 25 cm
- **Oberstoff 2:** Kunstleder (mit Brillenprägung): große Hülle: 25 x 20 cm, kleine Hülle: 15 x 15 cm
- **Futterstoff:** Baumwollstoff (neon): große Hülle: 75 x 25 cm, kleine Hülle: 60 x 20 cm
- **Vlieseinlage 1 (für Oberstoff):** Decovil I Light: große Hülle: 70 x 30 cm, kleine Hülle: 50 x 25 cm
- **Vlieseinlage 2 (für Futterstoff):** Vlieseline H 630: große Hülle: 75 x 25 cm, kleine Hülle: 60 x 20 cm
- Gurtband, 2,5 cm breit, große Hülle: 90 cm, kleine Hülle: 80 cm
- Klettband: Flauschband, 2 cm breit: große Hülle: 16,5 cm, kleine Hülle: 12 cm
- Klettband: Hakenband, 2 cm breit: große Hülle: 15 cm, kleine Hülle: 10,5 cm

Optional für die große Hülle:
- 2 D-Ringe, 2 cm breit, und passendes Webband, 10 cm lang
- Gurtband, 2,5 cm breit, 1,5 m
- 2 Karabiner für 2,5 cm breites Gurtband
- 1 Schieber für 2,5 cm breites Gurtband

Materialempfehlungen

Als Oberstoff eignet sich ein strapazierfähiger, fester Stoff wie Baumwollcanvas, Denim, Cord oder Polyestercanvas am besten. Je nach gewünschter Versteifung kannst du den Oberstoff z. B. mit Vlieseline H 250 (wenig steif), S 320 oder Decovil I Light (sehr steif) verstärken.

Alternative

Du kannst das Außenfach und das dekorative Gurtband weglassen und stattdessen die Klappe mit Paspelband verzieren. Sieh dir hierzu das Nähvideo an: ▶ **Video 6**.

ZUSCHNEIDEN

1 cm breite Nahtzugaben sind in den Schnittteilen bereits enthalten.

Jeweils aus Oberstoff 1:
1-mal Schnittteil 14a/15a (Klappe groß/klein)
2-mal Schnittteil 14b/15b (Vorder- und Rückseite groß/klein); alternativ 1-mal im Stoffbruch zuschneiden (untere Nahtzugabe abschneiden)

Aus Vlieseinlage 1:
1-mal Schnittteil 14b/15b (Vorder- und Rückseite groß/klein) ohne Nahtzugabe, also entlang der gestrichelten Linie zuschneiden

Aus Vlieseinlage 2:
1-mal Schnittteil 14a/15a (Klappe groß/klein) ohne Nahtzugabe, also entlang der gestrichelten Linie zuschneiden

Jeweils aus Futterstoff und Vlieseinlage 2:
1-mal Schnittteil 14a/15a (Klappe groß/klein)
1-mal Schnittteil 14b/15b (Vorder- und Rückseite groß/klein) im Stoffbruch zuschneiden (beim Schnittteil untere Nahtzugabe abschneiden)

Aus Oberstoff 2:
1-mal Schnittteil 14c/15c (Außenfach groß/klein)

Bügle die Vlieseinlage entsprechend den Herstellerangaben auf die Schnittteile auf und lass die verstärkten Stoffteile vor dem Nähen gut auskühlen

Folgendes Video hilft dir bei dieser Anleitung:
Video 9: Wendeöffnung nähen | patty.do/wendeoeffnung

SO GEHT'S

1 Nähe die Oberstoff- und Futterstoff-Klappe rechts auf rechts zusammen, die gerade Kante bleibt offen. Kürze die Nahtzugabe auf 5 mm und schneide sie an den Ecken bis kurz vor die Naht zurück. Wende die Klappe und bügle die Kanten, sodass die Naht genau im Bruch liegt. Steppe die Kanten 3 mm breit ab 1.

2 Positioniere das Flauschband mittig auf der linken Klappenseite und schneide es so zu, dass es ca. 5 mm vor der Klappenkante endet. Lege das Gurtband etwa 2,5 cm unter das Klettbandende und verwende evtl. Stylefix, um beides zu fixieren. Steppe das Klettband knappkantig auf 2a. Die Gurtbandlänge entspricht der Klappenhöhe zuzüglich 8 cm. Falte das Gurtband auf die rechte Klappenseite um, sodass an der unteren Kante eine 2,5 cm lange Lasche entsteht, und lege es mittig über die Klettbandnaht, sodass diese verdeckt wird. Steppe das Gurtband knappkantig auf 2b.

3 Zur Verzierung kannst du auf die Vorderseite mittig Gurtband aufnähen. Bereite das Außenfach vor: Falte (bügle) die obere Kante 1,5 cm auf die linke Stoffseite um und steppe sie fest. Lege das Außenfach bündig an die unteren Kanten der Vorderseite und steppe es knappkantig fest. Positioniere mittig an der oberen Kante der Rückseite das Hakenband und steppe es knappkantig auf 3.

Optional: Aufhängung für große Tablet-Hülle

4 Du kannst an die obere Kante der Vorderseite mittig mit 12 cm Abstand zwei Webbandschlaufen mit D-Ringen annähen. Daran lässt sich ein Trageriemen befestigen oder die Hülle im Rucksack-Shopper von Seite 38 anhängen.

Tasche fertigstellen

5 Nähe die Klappe rechts auf rechts mittig an die obere Kante der Vorderseite, die Gurtbänder treffen dabei genau aufeinander 5a.
Nähe die oberen Kanten der Außenfachteile rechts auf rechts an das Futterteil, bei der Vorderseite liegt die Klappe in der Naht, bei der Rückseite das Klettband 5b. Lege die Nahtzugaben in Richtung Futterteil und steppe die Kanten von rechts knappkantig auf der Futterseite ab 5c.

6 Falte das Hüllenteil mittig rechts auf rechts und stecke es zusammen, dabei liegen die Verbindungsnähte und die Kanten der Außenfachteile genau aufeinander. Nähe es an den drei Seiten zusammen, lass jedoch am Futterteil eine 10/15 cm große Öffnung zum Wenden 6a. Wende die Hülle, schließe die Wendeöffnung und stülpe das Futter in die Hülle 6b. Sieh dir hierzu das Nähvideo an: Video 9.

1

2a

2b

3

5a

5b

5c

6a

6b

PATCHWORK-SHOPPER

Größe: 41 x 35 x 10 cm (H x B x T) • **Nählevel:**

Beim Patchwork werden verschiedene Stoffstücke zu einer größeren Fläche zusammengenäht. So kannst du verschiedene Muster kreieren und dein simpler Shopper wird zu einem ganz besonderen Unikat.

STOFFE & ZUBEHÖR

- Oberstoff für die Patchworkfront und Futterstoff: 4 verschiedene gewebte Baumwollstoffe, 3-mal 30 x 30 cm, 1-mal 125 x 45 cm
- Taschenrückseite und Träger: fester Stoff (Taschenstoff „Rom" in Petrol von Swafing), 95 x 55 cm
- Stoffreste zum Ausprobieren des Patchworkmusters

Optional für die Befestigung eines Schlüsselbundes oder der kleinen Patchworktasche Seite 54:

- Web- oder Ripsband, 2 cm breit, 8 cm
- 1 Karabiner passend für das Band

Alternative

Aus der quadratischen Patchworkfläche kannst du nicht nur den tollen Shopper, sondern alternativ ein schönes Kissen mit Hotelverschluss nähen. Im pattydoo-Nähblog findest du die passende Schritt-für-Schritt-Videoanleitung unter: patty.do/kissen

ZUSCHNEIDEN

0,7 cm breite Nahtzugaben sind in den Zuschnittmaßen bereits enthalten.

Aus Oberstoff für die Patchworkfront:
4-mal 4 Quadrate à 13 x 13 cm

Aus festem Stoff:
1-mal 52,5 x 42,5 cm (Taschenrückseite)
2-mal 6 x 68 cm (Träger)

Aus Futterstoff:
1-mal 93 x 42,5 cm (Taschenfutter)

Folgendes Video hilft dir bei dieser Anleitung:
Video 4: Taschenträger aus Stoff nähen | patty.do/traeger

TIPP

Wie bei jedem Patchworkprojekt ist der saubere Zuschnitt die halbe Miete. Schneide die Patchworkquadrate deshalb am besten mit einem Rollschneider, einem Patchworklineal und einer Schneidematte zu oder verwende eine 13 x 13 cm große Schablone aus Hartplastik (z.B. Prym Kreativbogen) bzw. aus fester Pappe.

SO GEHT'S

Vorbereitung des Patchworkmusters

1 Überlege dir zunächst, wie du die Stoffdreiecke für das Patchworkmuster anordnen möchtest. Schneide hierfür viermal vier kleine Stoffquadrate (ca. 3 x 3 cm) zu und teile diese diagonal. Probiere verschiedene Varianten aus und bestimme, welche Quadratfarben du dafür jeweils zusammennähen musst.
Du kannst z.B. einen sogenannten „schrägen Stern", ein Zickzack- oder ein Zackenmuster aus den Dreiecken zusammenstellen 1. Bei unserer Tasche haben wir uns für eine „chaotische" Anordnung entschieden, hierfür werden die Farben bunt gemischt, d.h., eine Quadratfarbe wird jeweils mit allen anderen Quadratfarben zusammengenäht.

Patchworkfront nähen

2 Lege je zwei Patchworkquadrate rechts auf rechts aufeinander und zeichne mit Kreide oder einem Markierstift diagonal eine Linie auf 2a. Nähe beide Quadrate 0,7 cm (nähfüßchenbreit) rechts und links neben der aufgezeichneten Linie zusammen. Denk daran, den Nahtanfang sowie das -ende gut zu verriegeln. Teile anschließend beide Quadrate mit dem Rollschneider entlang der Markierung. Öffne beide Teile und bügle die Nahtzugaben auseinander 2b. So erhältst du 16 zusammengesetzte Quadrate.

3 Ordne die Patchworkteile anhand deines Musters an 3a, nähe jeweils vier Patchworkquadrate einer Reihe rechts auf rechts nähfüßchenbreit zusammen und bügle anschließend die Nahtzugaben auseinander 3b.
Nähe die vier Reihen jeweils rechts auf rechts zu einer Fläche zusammen. Stecke die Nähte mit Nadeln zusammen, damit das Patchwork schön sauber wird. Bügle die Nahtzugaben auseinander 3c.

4 Nähe die Taschenrückseite rechts auf rechts an die untere Kante der Patchworkfront. Falte dieses lange Teil dann mittig rechts auf rechts und nähe die seitlichen Kanten zusammen. Weil die Taschenrückseite 10 cm länger ist als die Patchworkfront, liegt die Verbindungsnaht 5 cm vom unteren Stoffbruch entfernt 4.

Bodenecken abnähen

5 Ziehe die unteren Taschenecken auseinander, sodass die Seitennaht genau auf der Bodennaht liegt. Es ergeben sich seitlich zwei Dreiecke, die Bodenecken. Steppe diese Ecken quer zur Seitennaht über 10 cm ab 5a. Schneide die Ecken so ab, dass ca. 1 cm Nahtzugabe stehen bleibt 5b.

1b

2a

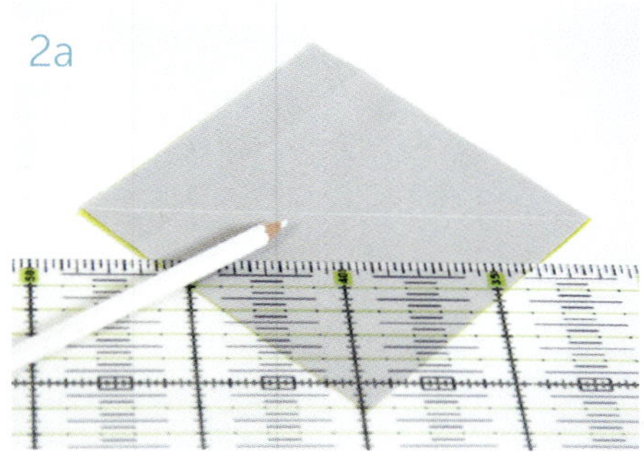

2b

3a

3b

3c

4

5a

5b

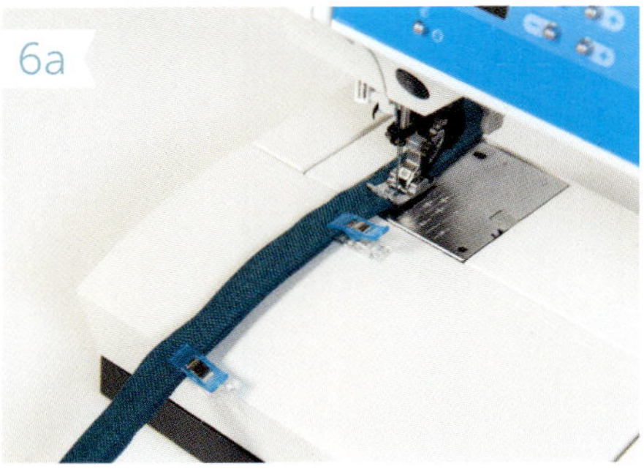
6a

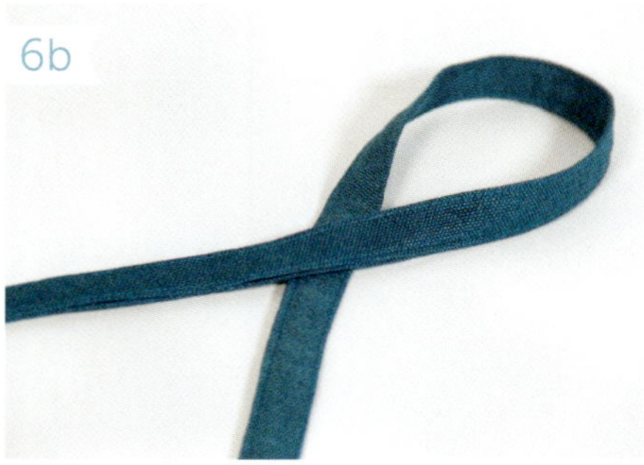
6b

8

9

Taschenträger vorbereiten

6 Bügle die Stoffstreifen der Länge nach mittig rechts auf rechts sowie rechts und links die 1 cm breite Nahtzugabe um. Nähe die umgebügelten Kanten knappkantig zusammen und steppe auch die zweite Längskante knappkantig ab 6a und 6b. Sieh dir hierzu das Nähvideo an: Video 4.

Taschenfutter vorbereiten

7 Falte das Taschenfutterteil mittig rechts auf rechts und nähe es an beiden Seiten zusammen. Nähe die Taschenecken wie bei der Außentasche 10 cm ab und kürze die Nahtzugabe (siehe Schritt 4).

Tasche fertigstellen

8 Fixiere beide Träger rechts auf rechts an der oberen Taschenkante jeweils mittig auf einer Patchworknaht. Achte darauf, dass die Träger nicht verdreht sind. Nach Wunsch kannst du an einen Träger eine Webbandschlaufe mit einem Karabiner annähen. Daran kannst du einen Schlüsselbund oder die kleine Patchworktasche von Seite 54 befestigen 8.

9 Stülpe das Taschenfutter rechts auf rechts in die Außentasche und stecke sie an den Seitennähten zusammen. Nähe beide Teile bis auf eine Wendeöffnung zwischen einem der Träger rundherum zusammen 9.

10 Wende die Tasche, bügle die obere Kante, sodass die Naht im Bruch liegt. Steppe die obere Kante 0,5 cm breit ab, dabei wird gleichzeitig die Wendeöffnung geschlossen.

SAMSUNG

KLEINE PATCHWORKTASCHE

Größe: 13 x 17 cm (H x B • **Nählevel:**

Kleine Taschen zur Aufbewahrung von Schlüsseln, Kleingeld, Kosmetik & Co. kann man nie genug haben! Mit einem selbst entworfenen Muster wird das Patchworktäschlein zu deinem neuen Liebling in der Handtasche. Aber auch als Geschenk ist das Täschchen eine schöne Idee. Eine raffinierte Technik hilft dir, die kleinen Quadrate zeitsparend zusammenzusetzen!

STOFFE & ZUBEHÖR

- 4 verschiedene unifarbene, gewebte Baumwollstoffe, 2-mal 15 x 15 cm, 2-mal 40 x 15 cm
- Stoffreste zum Ausprobieren des Patchworkmusters
- dünne Vlieseinlage zum Aufbügeln (Vlieseline H 180), 20 x 15 cm
- 1 (nicht teilbarer) schmaler Reißverschluss, 18 cm lang
- Web- oder Ripsband, 2 cm breit, 8 cm
- 1 Schlüsselring

ZUSCHNEIDEN

0,7 cm breite Nahtzugaben sind in den Zuschnittmaßen bereits enthalten.

Aus den unifarbenen Baumwollstoffen:
2-mal 4 gleichfarbige Quadrate à 7 x 7 cm (Patchworkmuster: Zickzack – pink, fuchsia)
2-mal 2 gleichfarbige Quadrate à 7 x 7 cm (Patchworkmuster: Zickzack – hellrosa, hellviolett)
1-mal 18 x 14 cm (Taschenrückseite)
2-mal 18 x 14 cm (Futter)

Die kleine Tasche ist eine tolle Ergänzung zum Patchwork-Shopper von Seite 48.

SO GEHT'S

Folgende Videos helfen dir bei dieser Anleitung:

- **Video 1:** Reißverschluss annähen | patty.do/reissverschluss
- **Video 9:** Wendeöffnung nähen | patty.do/wendeoeffnung

Vorbereitung des Patchworkmusters

1 Überlege dir zunächst, wie du die Stoffdreiecke für das Patchworkmuster anordnen möchtest. Schneide hierfür 12 kleine Stoffquadrate (ca. 3 x 3 cm) zu und teile diese diagonal. Probiere verschiedene Varianten aus, z.B. ein Zickzack- oder Zackenmuster 1, und bestimme, welche Quadratfarben du dafür jeweils zusammennähen musst.
Bei unserer Tasche haben wir uns für ein Zickzackmuster entschieden, bei dem pro Reihe jeweils zwei Quadratfarben kombiniert werden.

Patchworkfront nähen

2 Lege je zwei Patchworkquadrate rechts auf rechts zusammen und zeichne mit Kreide oder einem Markierstift diagonal eine Linie auf. Nähe beide Quadrate 0,7 cm (nähfüßchenbreit) rechts und links neben der aufgezeichneten Linie zusammen. Denk daran, den Nahtanfang sowie das -ende gut zu verriegeln. Teile anschließend beide Quadrate mit dem Rollschneider entlang der Markierung. Öffne beide Teile und bügle die Nahtzugabe auseinander 2. So erhältst du 12 zusammengesetzte Quadrate.

3 Lege die Vlieseinlage auf eine Bügelunterlage mit der rauen Klebeschicht nach oben und platziere darauf die Quadrate so sauber wie möglich in drei Reihen mit vier Spalten gerade nebeneinander. Die Stoffkanten sollen direkt aneinanderstoßen, sich aber nicht überlappen 3a. Lege Backpapier auf die Quadrate und bügle sie entsprechend den Herstellerangaben auf die Einlage 3b.

4 Wenn die Einlage fixiert und der Stoff abgekühlt ist, kannst du die Spalten zusammennähen: Falte die linke Spalte rechts auf rechts und steppe sie 0,7 cm neben der Falzkante fest. Steppe auf diese Weise alle Spalten fest und bügle anschließend die Nahtzugaben in eine Richtung 4a. Drehe das Patchworkteil so, dass die Nähte waagerecht liegen. Falte nun die Reihen rechts auf rechts, steppe sie fest und bügle anschließend die Nahtzugaben in eine Richtung 4b.

Reißverschluss einnähen

5 Versäubere ggf. das Reißverschlussende mit zwei kleinen Stoffstücken (3 cm breit und 4 cm lang), sodass der Reißverschluss insgesamt so lang wie das Patchworkteil bzw. die Taschenrückseite ist (18 cm). Sieh dir hierzu das Nähvideo an: Video 1.

6 Nähe den Reißverschluss rechts auf rechts mit einem Kantennähfuß an das Patchworkteil und an die Taschenrückseite 6a.
Nähe die Innenteile mit einem Kantennähfuß rechts auf rechts an die Außenteile. Beim Annähen liegt das Außenteil jeweils oben, nähe entlang der ersten Naht. Beginne und ende mit der Naht 1,5 cm von der Kante entfernt 6b.
Klappe die Außen- und Innenteile auseinander und steppe die beiden Kanten entlang des Reißverschlusses 2–3 mm breit ab. Beginne und ende mit der Naht 1,5 cm von der Kante entfernt.

7 Befestige an der Kante des Patchworkteils die Webbandschlaufe mit dem Schlüsselring 7.

Außen- und Innenteile

8 Lege die beiden Außen- und Innenteile jeweils rechts auf rechts bündig aufeinander und nähe sie voneinander getrennt zusammen. Weil die Stelle am Reißverschluss uneben und somit ungünstig für den Nähstart ist, empfehle ich dir, die Naht in zwei Schritten zu nähen: Beginne an der unteren Mitte und nähe erst die eine, dann die andere Seite mit einem Kantennähfuß zusammen. Vergiss nicht, den Reißverschluss zuvor ein Stück zu öffnen 8a.
Lege die Nahtzugabe am Reißverschluss jeweils nach unten, in Richtung des Täschchens. Je sauberer du die Nähte an den Reißverschlussenden arbeitest, desto schöner sehen diese später an der fertigen Tasche aus 8b.
Lass bei den Innenteilen an der unteren Kante eine 10 cm große Öffnung zum Wenden 8c.
Kürze anschließend die Nahtzugaben an den Ecken, wende das Täschlein und schließe die Wendeöffnung. Sieh dir hierzu das Nähvideo an: Video 9.

1

2

3a

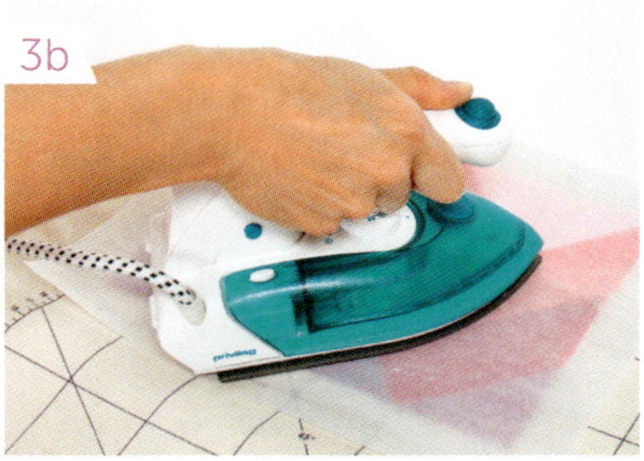
3b

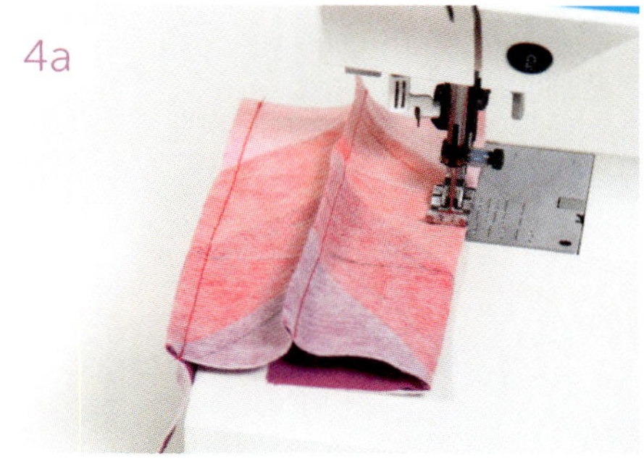
4a

4b

6a

6b

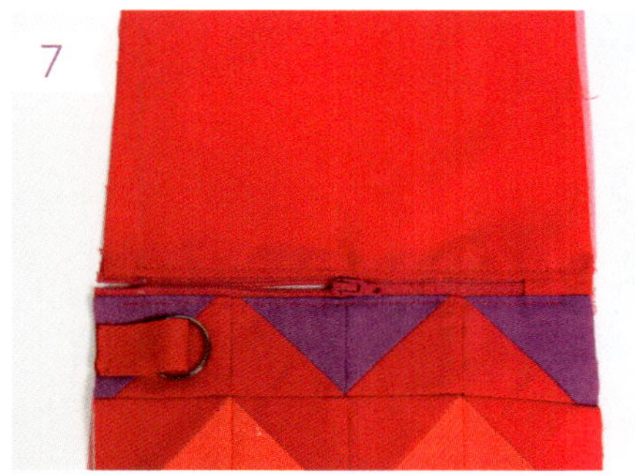
7

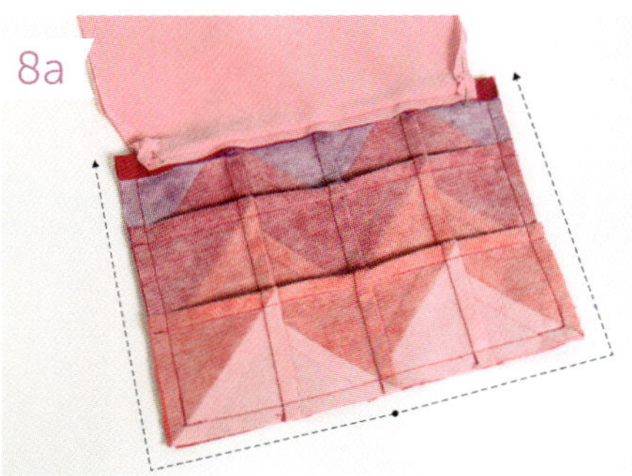
8a

8b

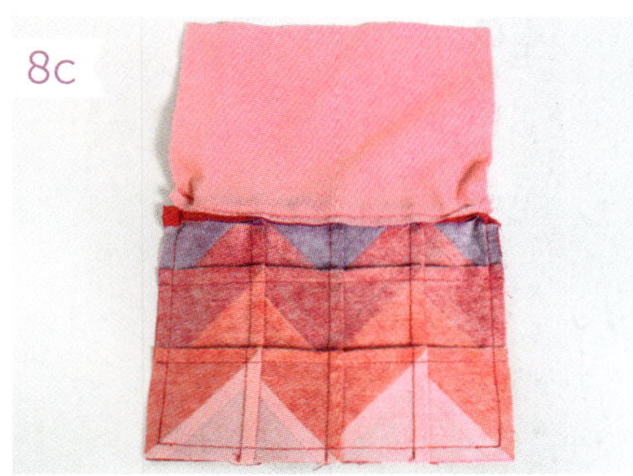
8c

WEEKENDER

Größe: 40 x 44 x 20 cm (H x B x T) • **Nählevel:** • Schnittteile 11a–e auf Bogen C

Der nächste Wochenendtrip steht bevor? Prima, dann pack schon mal die Sachen – in diesen Weekender! Denn er hat die perfekte Größe für deinen nächsten Kurzurlaub. Dank des Reißverschlusses kann nichts verloren gehen. Durch die verstärkten Taschenhenkel und den langen Schulterriemen lässt er sich bequem tragen. Zudem ist er sogar erweiterbar, wenn du die Karabiner an den oberen Ecken öffnest. Die Kosmetiktasche von Seite 64 ist übrigens die perfekte Ergänzung zum Weekender.

STOFFE & ZUBEHÖR

- **Oberstoff 1:** Baumwollcanvas (schwarz-weiß gestreift), 95 x 80 cm
- **Oberstoff 2 (Taschenboden):** Kunstleder (schwarz), 70 x 40 cm
- **Futterstoff:** Baumwollstoff (rot), 120 x 70 cm
- Gurtband, 4 cm breit, insgesamt mind. 3,9 m, davon Trageriemen: 1-mal 1,5 m, Taschenhenkel: 2-mal 1,1 m, Schlaufen D-Ringe: 2-mal 10 cm
- Gurtband, 2,5 cm breit, insgesamt mind. 32 cm, davon Schlaufen Karabiner (obere Taschenecken): 2-mal 10 cm, Schlaufen D-Ringe (Seitennaht): 2-mal 6 cm
- 2 D-Ringe für 4 cm breites Gurtband
- 2 Karabiner für 4 cm breites Gurtband
- 1 Schieber für 4 cm breites Gurtband
- 2 Karabiner für 2,5 cm breites Gurtband
- 2 D-Ringe 2,5 cm breit
- (Endlos-)Reißverschluss mit 2 Schiebern, 75 cm
- (Endlos-)Reißverschluss mit 1 Schieber, 30 cm
- evtl. Polyesterkordel (im Baumarkt erhältlich), 8 mm Durchmesser, 30 cm

Stoffempfehlung

Als Oberstoff für die Außentasche empfiehlt sich ein fester, strapazierfähiger Stoff mit etwas Stand wie Baumwollcanvas, Denim, Oxfordgewebe, Kunstleder, Wachstuch oder Polyestercanvas.

ZUSCHNEIDEN

1 cm breite Nahtzugaben sind in den Schnittteilen und Zuschnittmaßen bereits enthalten. Die Schnittteile 11a, 11d, 11e vor dem Zuschneiden an der gekennzeichneten Linie spiegeln.

Aus Oberstoff 1:
2-mal Schnittteil 11a (Außentasche)
1-mal Schnittteil 11b (Reißverschlussfach oben)
1-mal Schnittteil 11c (Reißverschlussfach unten)

Aus Oberstoff 2:
1-mal Schnittteil 11d (Taschenboden)

Aus Futterstoff:
1-mal Schnittteil 11e (Taschenfutter); im Stoffbruch zuschneiden!
evtl. 1-mal 25 x 18 cm (Innentasche)

Folgende Videos helfen dir bei dieser Anleitung:

- **Video 1:** Reißverschluss annähen | patty.do/reissverschluss
- **Video 2:** gerade Strecke an Rundung nähen | patty.do/rundung
- **Video 3:** Gurtband nähen | patty.do/gurtband

SO GEHT'S

Außentasche vorbereiten

1 Nähe den Reißverschluss rechts auf rechts an das Reißverschlussfach oben. Klappe den Stoff um und steppe die Kante knappkantig ab. Nähe auf die gleiche Weise den Reißverschluss an das Reißverschlussfach unten 1. Sieh dir hierzu das Nähvideo an: Video 1.

2 Übertrage die Anlegelinie von Schnittteil 11a auf ein Außentaschenteil. Lege das Reißverschlussfach rechts auf rechts daran an und nähe es mit 1 cm Nahtzugabe fest 2. Klappe das Reißverschlussfach zur unteren Kante bzw. links auf rechts um und nähe es rechts und links füßchenbreit fest.

3 Übertrage die Positionen für die Gurtbandschlaufen auf beide Außentaschentaschenteile. Lege die beiden 10 cm langen Gurtbänder zu Schlaufen, fädle jeweils einen D-Ring auf und nähe sie fest: auf der Vorderseite rechts, auf der Rückseite links 3.

4 Falte die Gurtbänder für die Taschenhenkel im mittleren Bereich der Länge nach und nähe eine 14 cm lange Strecke zusammen. Wenn du möchtest, kannst du wie hier eine 8 mm dicke Polyesterkordel dazwischenlegen 4, so liegen die Henkel später noch besser in der Hand! Sieh dir hierzu das Nähvideo an: Video 3.

5 Positioniere die Tragegriffe entsprechend den Schnittteil-Markierungen auf beiden Außentaschen-Teilen (Stylefix hilft beim Fixieren). Auf der Vorderseite werden die Stoffkanten des Reißverschlussfaches verdeckt. Auf beiden Teilen verdecken die Taschenhenkel die Enden der Gurtbandschlaufen. Nähe die Taschenhenkel knappkantig fest – im oberen Bereich jeweils mit einem Kreuz wie im Schnittteil 11a eingezeichnet. Nähe zwischen den Knipsen (12 cm von der unteren Kante entfernt) an den Seiten an einem Außenteil rechts und links die 2,5 cm breiten Gurtbandschlaufen mit D-Ringen an 5.

6 Nähe den Taschenboden rechts auf rechts an die unteren Außentaschen-Kanten, lege die Nahtzugabe in Richtung Boden und steppe die Kante von rechts knappkantig ab. Jetzt hast du ein großes Außentaschen-Teil 6.

HINWEIS

Tipps zum Nähen von Kunstleder findest du auf Seite 16.

Taschenfutter einnähen

7 Nähe die beiden getrennten Reißverschlussbänder rechts auf rechts mit einem Kantennähfuß jeweils so an die oberen Kanten beider Außentaschenteile, dass die Enden jeweils etwa 3 cm überstehen. Nähe möglichst nah am Reißverschluss, jedoch so, dass der Schieber später genügend Platz zur Bewegung hat. Lege das Taschenfutter rechts auf rechts bündig auf die Außentasche und nähe es mit einem Kantennähfuß an. Beim Annähen liegt das Außenteil oben, nähe an beiden Kanten jeweils entlang der ersten Naht 7. Sieh dir hierzu das Nähvideo an: Video 1.

8 Wende cas Taschenteil, bügle die Stoffkanten an den Reißverschlussbändern vorsichtig und steppe sie mit einem Kantennähfuß knappkantig ab. Fädle zwei Schieber ein. Lass den Reißverschluss ein Stück offen, damit du die Tasche später wenden kannst 8.

1

2

3

4

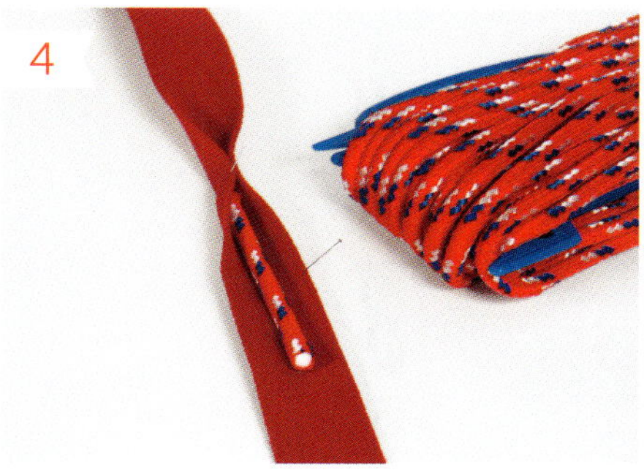

5

6

7

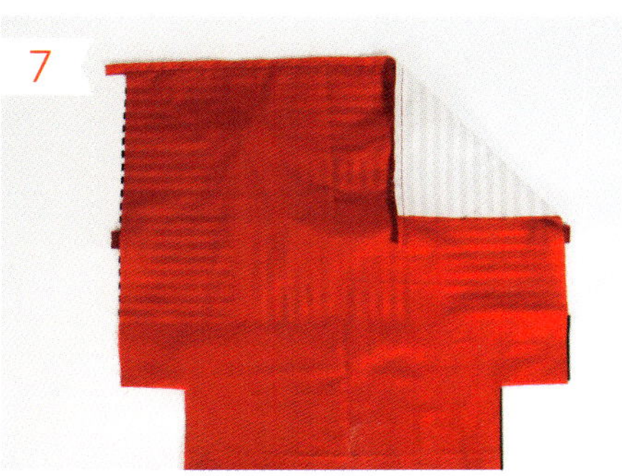

8

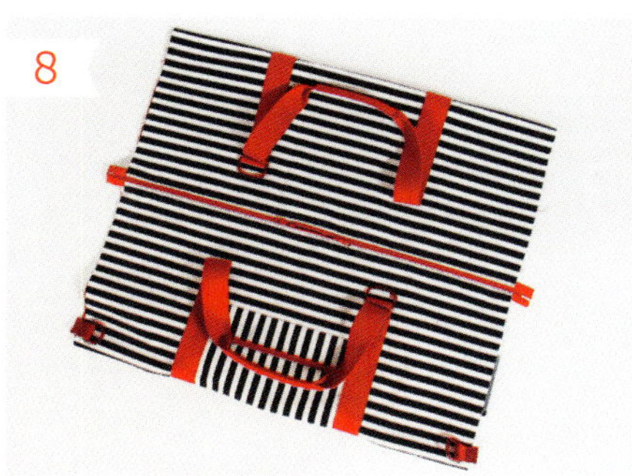

Tasche fertigstellen

9 Wende das Taschenteil wieder, sodass die Außen- und die Futtertasche jeweils rechts auf rechts gefaltet liegen. Nähe Außen- und der Futtertasche an den Seiten zusammen, lass jedoch am Reißverschluss jeweils 2,5 cm offen. Auf einer Seite der Futtertasche lässt du außerdem mittig eine 25 cm große Öffnung zum Wenden 9.

10 Falte die Außen- und die Futtertasche jeweils so auseinander, dass du die beiden Bodennähte schließen kannst. Die Seitennähte treffen dabei jeweils auf die untere Mitte 10.

11 Wende die Tasche. Ziehe die überstehenden Reißverschlussband-Enden durch die zuvor gelassenen Öffnungen nach außen und kürze sie. Falte die Taschenecken so auseinander, dass sie ein Dreieck bilden – der Reißverschluss verläuft mittig bis zur Spitze 11. Achte darauf, dass das Taschenfutter innen schön glatt liegt.

12 Lege die 2,5 cm breiten Gurtbandschlaufen mit Karabinern um die Taschenecke herum: ein Gurtbandende auf der Oberseite, das andere auf der Unterseite. Die Enden liegen mittig auf dem Dreieck und zeigen zur Spitze. Nähe die Enden mit einer Naht fest. Stülpe das Gurtband um die Spitze herum und steppe es mit einem Kreuz zusammen 12.
Fertige den Trageriemen mit Karabinern und Schieber und befestige ihn an den D-Ringen der Tasche. Sieh dir hierzu das Nähvideo an: **Video 3.**

S

KOSMETIKTASCHE

Größe: 20 x 23 x 16 cm (H x B x T) • **Nählevel:** ●●●● • Schnittteile 3a–e auf Bogen A

Diese Kosmetiktasche ist eine stabile Sache: Sie ist so konzipiert, dass Duschgel, Parfüm & Co. aufrecht darin verstaut werden können. Damit beim Transport nichts durcheinanderpurzelt, können die Flaschen mit einem Gummiband befestigt werden. Dieses Projekt eignet sich gut für erprobte Näherinnen, denn trotz der einfachen Grundform verlangen die Materialien ein gewisses Maß an Fingerfertigkeit.

STOFFE & ZUBEHÖR

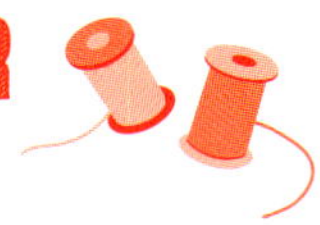

- **Oberstoff:** fester Baumwollstoff (schwarz-weiß gestreift), 75 x 45 cm
- **Futterstoff:** laminierter Baumwollstoff (rot mit weißen Sternen), 75 x 45 cm
- **Verstärkungsmaterial:** Schaumstoffvlies ByAnnie's Soft and Stable (alternativ Vlieseline Decovil I Light + H 630), 75 x 45 cm
- **Bodenverstärkung:** fester transparenter Kunststoff (Prym Kreativbogen), 25 x 16 cm
- Gurtband, 2,5 cm breit, 30 cm
- Gummiband, 2–3 cm breit, 1 m
- (Endlos-)Reißverschluss mit 2 Schiebern, 60 cm
- Schrägband, 2 cm breit, 1,60 m

HINWEIS

Für eine optimale Versteifung und Polsterung der Tasche empfehle ich dir, die Verwendung des Materials Soft and Stable. Alternativ kannst du den Oberstoff mit Decovil I Light und H 630 verstärken. Schneide die Vlieseinlage ohne Nahtzugabe zu.

ZUSCHNEIDEN

1 cm breite Nahtzugaben sind in den Schnittteilen und Zuschnittmaßen bereits enthalten.

Jeweils aus Oberstoff und Verstärkungsmaterial:

2-mal Schnittteil 3a (Deckel/Boden)
1-mal Schnittteil 3b (Seitenteil oben)
1-mal Schnittteil 3c (Seitenteil unten)
1-mal Schnittteil 3d (Verbindungsteil)

Aus Futterstoff:

2-mal Schnittteil 3a (Deckel/Boden)
1-mal Schnittteil 3b (Seitenteil oben)
1-mal Schnittteil 3c (Seitenteil unten)
1-mal Schnittteil 3d (Verbindungsteil)
1-mal Schnittteil 3e (Innentasche)

Aus Bodenverstärkung:

1-mal Schnittteil 3a (Deckel/Boden), entlang der eingezeichneten Strich-Punkt-Linie zuschneiden

TIPP

Beachte die Hinweise zum Nähen von laminierten Stoffen auf Seite 16.

Folgende Videos helfen dir bei dieser Anleitung:

- **Video 1:** Reißverschluss annähen | patty.do/reissverschluss
- **Video 2:** gerade Strecke an Rundung nähen | patty.do/rundung
- **Video 5:** Schrägband annähen | patty.do/schraegband

SO GEHT'S

Vorbereitung

1 Nähe jeweils das Verstärkungsmaterial entlang der Kanten nähfüßchenbreit bündig auf die linken Stoffseiten folgender Schnittteile aus Futterstoff: Seitenteil oben, Seitenteil unten, Verbindungsteil. Nähe die Stofflagen für den Deckel und den Boden ringsherum grob nähfüßchenbreit zusammen – für den Deckel: Oberstoff, Verstärkungsmaterial, Futterstoff; für den Boden: Oberstoff, Verstärkungsmaterial, Bodenverstärkung, Futterstoff. Die rechten Stoffseiten von Ober- und Futterstoff sind jeweils außen 1.

2 Nähe das Gurtband für den Griff mittig entlang der Längsachse der Deckelaußenseite jeweils bis 6 cm von der äußeren Kante entfernt fest 2.

Seitenteil vorbereiten

3 Positioniere das Gummiband 9 cm von der unteren Kante entfernt auf dem (verstärkten) Futterstoff und fixiere es in den Abständen, in denen es aufgenäht werden soll. Verwende am besten deine Kosmetikartikel, um die Gummibandlänge und die Abstände zu ermitteln 3a. Du kannst Masking Tape statt Stecknadeln zum Fixieren der Abstände verwenden. Nähe das Gummiband an den äußeren Kanten sowie an den markierten Stellen senkrecht mit einem Steppstich fest 3b.

4 Bereite den Endlosreißverschluss mit einem Schieber und 54 cm Länge vor. Nähe den Reißverschluss mit einem Kantennähfuß rechts auf rechts an die Kante des unteren Oberstoff-Seitenteils. Lege das untere Futterstoff-Seitenteil rechts auf rechts bündig auf das Oberstoffteil und nähe es mit dem Kantennähfuß an. Beim Annähen liegt das Oberstoffteil oben, nähe entlang der ersten Naht 4. Sieh dir hierzu das Nähvideo an: **Video 1**.
An der anderen Reißverschlusskante verfährst du ebenso mit den oberen Seitenteilen aus Ober- und Futterstoff.
Klappe anschließend die Oberstoff- und Futterteile um und steppe die Kanten am Reißverschluss knappkantig ab.

5 Falte die obere Kante des Innenfachs 1,5 cm auf die linke Stoffseite um und steppe sie fest. Nähe das Fach links auf rechts bündig an die unteren drei Kanten des Verbindungsteils 5.

6 Nähe die Verbindungsteile aus Ober- und Futterstoff an eine kurze Kante des Reißverschlussteils. Dabei liegen Ober- und Futterstoff jeweils rechts auf rechts aufeinander 6a. Nähe beide Verbindungsteile auch an das andere Ende. Rolle dafür den Reißverschlussstreifen zusammen, sodass die zweite kurze Kante bündig zwischen beiden Verbindungsteilen liegt. Auch hier müssen Ober- und Futterstoff jeweils rechts auf rechts aufeinanderliegen 6b. Stülpe das zusammengenähte Teil herum, du erhältst einen Reißverschlussring 6c.

1

2

3a

3b

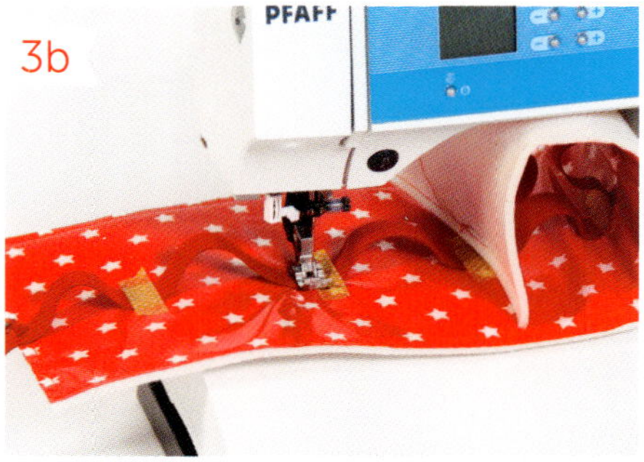

4

5

6a

6b

6c

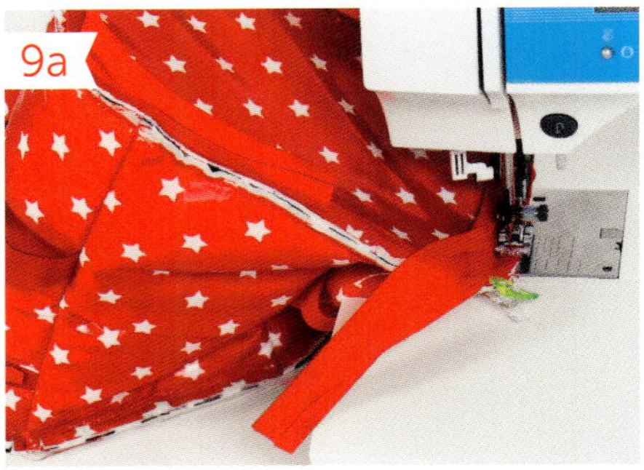

Boden annähen

7 Stecke den Reißverschlussring gleichmäßig verteilt an das Bodenteil, dabei liegen die Futterstoffseiten beider Teile außen. Die vier Knipse vom Ring und vom Bodenteil treffen jeweils aufeinander. Schneide die Stoffkante des Reißverschlussrings in 1 cm Abständen etwa 0,7 cm ein, damit du ihn besser an die Rundung stecken kannst 7. Beim Annähen des Bodenteils liegt der Reißverschlussring oben. Sieh dir hierzu das Nähvideo an: Video 2.

Deckel annähen

8 Nähe auf diese Weise den Ring auch an das Deckelteil 8. Vergiss nicht, den Reißverschluss vorher zu öffnen.

Nahtzugaben einfassen

9 Kürze die Nahtzugaben auf 0,7 cm und fasse sie mit Schrägband sauber ein. Nähe das Schrägband in zwei Schritten an: zuerst aufgeklappt und nähfüßchenbreit auf der Deckel- bzw. Bodenseite 9a. Dann faltest du es um die Stoffkante herum und steppst es knappkantig auf der Ringseite fest. Lege die Schrägbandkante an die erste Naht, dann trifft die zweite Naht auch auf der Rückseite genau auf das Schrägband 9b. Sieh dir hierzu das Nähvideo an: Video 5.

Stülpe die Tasche um und bügle sie dann vorsichtig.

STRANDTASCHE

Größe: große Tasche 41 x 52 x 20 cm (H x B x T), kleine Tasche: 24 x 34 x 14 cm (H x B x T)
• **Nählevel:** ●●○○ • Schnittteile 8a–d (große Tasche) und 8e–h (kleine Tasche) auf Bogen B

Pack die Badehose ein, nimm dein kleines Töchterlein – und die perfekte Strandtasche für den Tag am Meer! Durch das wasserabweisende Material können auch nasse Badesachen gut darin verstaut werden. Der Clou ist der Verschluss mit vier Karabinerhaken, so kannst du aus der großen Strandtasche im Handumdrehen eine Shoppervariante zaubern! Die kleine Taschenvariante ist prima zum Ausgehen oder für Kinder geeignet.

STOFFE & ZUBEHÖR

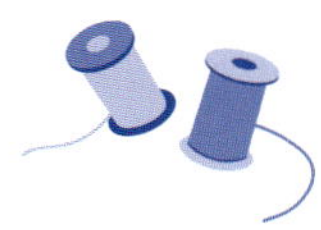

Für die große Tasche

- **Oberstoff:** Oxfordgewebe (rot),115 x 42 cm
- **Taschenboden:** Oxfordgewebe (blau), 36 x 33 cm
- **Futterstoff:** laminierter Baumwollstoff (blau mit Papierbooten), 115 x 42 cm
- **Bodenverstärkung:** Prym Kreativbogen (alternativ Platzset oder Vlieseline S 520), 36 x 33 cm
- Gurtband (für Taschenhenkel), 4 cm breit, 2-mal 70 cm
- Web- oder dünnes Gurtband, 2,5 cm breit, 4-mal 8 cm
- 3 Karabiner für 2,5 cm breites Gurtband
- 1 D-Ring für 2,5 cm breites Gurtband
- 4 Bodennägel
- beidseitiges Klebeband oder Textilkleber zum Fixieren der Taschenbodenverstärkung

Für die kleine Tasche

- **Oberstoff:** Baumwollcanvas (blau-weiß gestreift), 75 x 26 cm
- **Taschenboden:** Kunstleder (blau) 24 x16 cm
- **Futterstoff:** laminierter Baumwollstoff (rot mit Papierbooten), 75 x 26 cm
- Gurtband (für Taschenhenkel), 4 cm breit, 2-mal 55 cm

Für beide Taschen

- **Applikationsstoff:** Kunstleder, Oxfordgewebe ocer Wachstuch, 30 x 30 cm
- Webband und Etiketten o.Ä. zur Verzierung
- evtl. Vliesofix (beidseitig haftendes Vlies) für die Applikation

Alternative

Du kannst die kleine Tasche auch mit einem schönen Holzgriff nähen. Hierfür benötigst du zusätzlich vier Stoffrechtecke zum Nähen der Stoffschlaufen.

ZUSCHNEIDEN

1 cm breite Nahtzugaben sind in den Schnittteilen und Zuschnittmaßen bereits enthalten.

Aus Oberstoff:
2-mal Schnittteil 8a (Tasche groß) oder 8e (Tasche klein)

Aus Taschenboden (Kunstleder bzw. Oberstoff):
1-mal Schnittteil 8b (Taschenboden groß) oder 8f (Taschenboden klein)

Aus Futterstoff:
2-mal Schnittteil 8a (Tasche groß) oder 8e (Tasche klein)
1-mal Schnittteil 8b (Taschenboden groß) oder 8f (Taschenboden klein)

Aus Applikationsstoff:
je 1-mal Schnittteil 8c und 8d (Anker und Papierboot groß) oder 8g und 8h (Anker und Papierboot klein)

Nur für die große Tasche

Aus Bodenverstärkung:
1-mal Schnittteil 8b (Taschenboden groß), entlang der Strich-Punkt-Linie zuschneiden!

Aus Futterstoff:
evtl. 1-mal 25 x 18 cm (Innenfach)

Folgende Videos helfen dir bei dieser Anleitung:
- Video 2: gerade Strecke an Rundung nähen | patty.do/rundung
- Video 3: Gurtband nähen | patty.do/gurtband
- Video 7: Innentasche aufnähen | patty.do/innentasche
- Video 10: Applikationen aufnähen | patty.do/applikation

SO GEHT'S

Tasche verzieren

1 Verziere die Taschenteile ganz nach Belieben mit Webbändern und einer Applikation 1. Sieh dir hierzu das Nähvideo an: Video 10.

Nur große Tasche

2 Nähe je eine Gurtbandschlaufe mit einem Karabiner bzw. einem D-Ring mittig an die oberen Kanten der beiden Taschenteile 2a und 2b.

Taschenbeutel zusammennähen

3 Nähe beide Taschenteile rechts auf rechts an den Seiten zusammen 3a. Stecke den Taschenboden gleichmäßig verteilt an der unteren Kante fest 3b. Die Knipse am Bodenteil helfen dir dabei: Sie müssen auf die Seitennähte und mittig auf die Taschenteile treffen. Schneide die Nahtzugabe in gleichmäßigen Abständen etwa 0,7 cm ein, damit du das Taschenteil gut an die Rundungen des Taschenbodens annähen kannst. Bei steifen Stoffen wie Oxfordgewebe müssen die Abstände zwischen den Einschnitten kleiner sein als bei weichen Stoffen. Beim Annähen des Taschenbodens liegen die Taschenteile oben. Sieh dir hierzu das Nähvideo an: Video 2.
Kürze anschließend die Nahtzugabe an den Rundungen auf etwa 0,5 cm.

4 Nähe auf die gleiche Weise auch den Futter-Taschenbeutel 4. Lass an einer Seitennaht mittig eine 30/15 cm (große/kleine Tasche) große Öffnung zum Wenden. (Wenn du die Tasche mit Holzgriffen nähst, muss die Wendeöffnung groß genug sein, damit diese später hindurchpassen.)

TIPP

Du kannst das Taschenfutter der großen Tasche mit einem zusätzlichen Innenfach ausstatten. Sieh dir hierzu das Nähvideo an: Video 7.

Nur große Tasche – Taschenboden & Karabiner

5 Nähe je eine Gurtbandschlaufe mit einem Karabiner an der oberen Kante mittig auf beiden Seitennähten fest 5.

6 Fixiere die Verstärkung mit beidseitigem Klebeband oder etwas Textilkleber auf der Taschenboden-Innenseite 6a. Wende den Taschenbeutel und steche von außen mit einer Ahle oder einer dicken Nadel vorsichtig vier Löcher in den Taschenboden (auch durch die Verstärkung) und befestige die Bodennägel 6b.

1

2a

2b

3a

3b

4

5

6a

6b

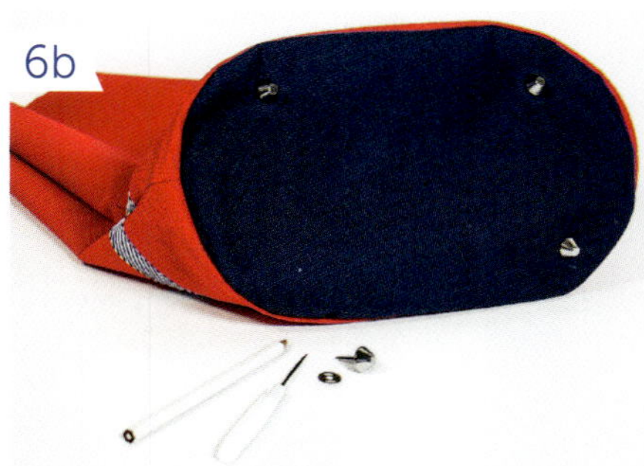

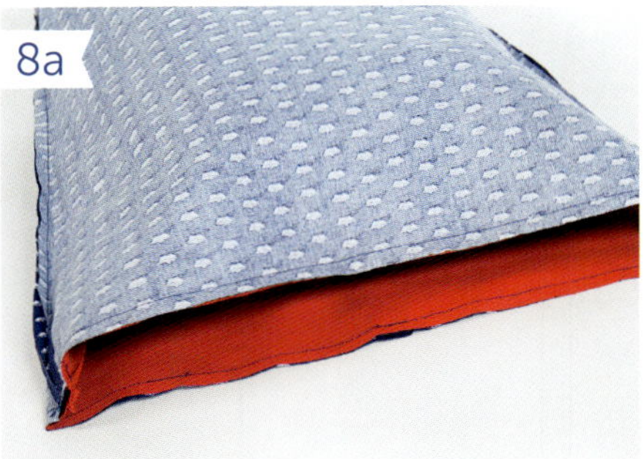

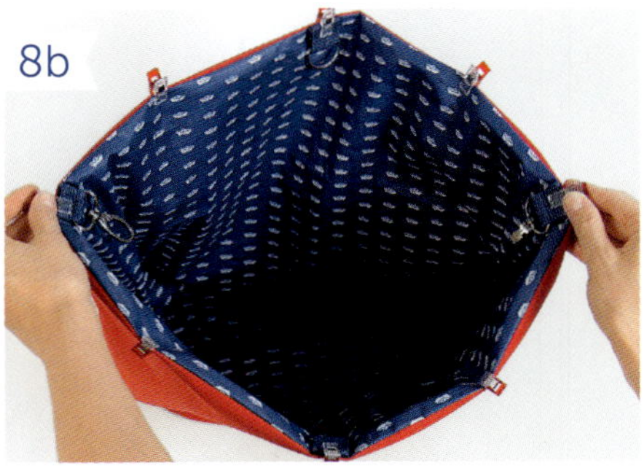

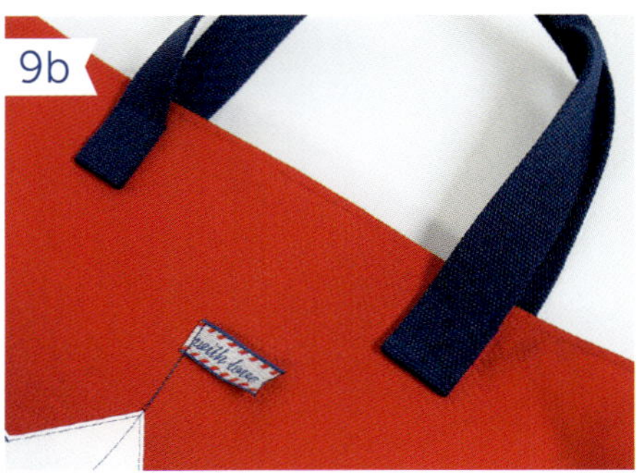

Kleine Tasche optional mit Holzgriffen

7 Nähe je zwei passende Stoffrechtecke rechts auf rechts an den seitlichen Kanten zusammen, wende die Teile und lege sie als Schlaufen um die Holzgriffe. Nähe die Schlaufen mit den Griffen mittig rechts auf rechts an die obere Kante der Außentasche, bevor du das Taschenfutter annähst.

Tasche fertigstellen

8 Stecke Außentasche und Taschenfutter rechts auf rechts ineinander, sodass die Seitennähte aufeinandertreffen, und nähe beide Teile an den oberen Kanten rundherum zusammen 8a. Wende die Tasche durch die Öffnung in der Futter-Seitennaht und schließe die Wendeöffnung.
Bügle bzw. stecke die obere Kante so fest, dass die Naht genau im Bruch liegt, und lege bei der großen Tasche die Gurtbandschlaufen auf die Innenseite 8b. Steppe die obere Taschenkante 0,5 cm breit ab und nähe bei der großen Tasche mehrmals über die Schlaufen.

9 Falte die Henkelgurte der Länge nach und nähe sie im mittleren Bereich 14 cm zusammen 9a. Übertrage die Taschenhenkel-Positionen vom Schnittteil auf die Tasche und nähe sie jeweils mit einem Kreuz an 9b. Sieh dir hierzu das Nähvideo an: Video 3.

HINWEIS

Wenn deine Applikation aus laminiertem Stoff oder aus Kunstleder ist, kannst du sie mit beidseitigem Klebeband fixieren (im mittleren Bereich, nicht an den Kanten). Nähe die Applikation mit einem Geradstich auf (Stichlänge 3 mm). Das Papierboot mit geraden Kanten ist sehr gut für Anfänger geeignet. Wenn du Erfahrung im Nähen kleiner Kurven hast, gelingt dir auch der Anker gut.

ORIGAMI-MÄPPCHEN

Größe: individuell festzulegen, Variante Stiftemäppchen: 22 x 6 cm (L x T) • **Nählevel:**

Ich liebe einfache Nähprojekte, die das gewisse Etwas haben! Aus zwei rechteckigen, hübschen Stoffstücken wird im Nu ein Mäppchen mit einem raffinierten Detail: Die Enden werden so eingeschlagen, dass sie zwei Dreiecke bilden. Die Größe des Mäppchens kannst du selbst bestimmen – von einer kleinen Schlüsseltasche über ein Stiftemäppchen bis hin zu einer praktischen Kosmetiktasche ist alles möglich!

STOFFE & ZUBEHÖR

- 2 verschiedene gewebte Baumwollstoffe, z. B. 22 x 25 cm
- Vlieseinlage 1 (zur Verstärkung des Außenteils), je nach Stoffart und gewünschter Festigkeit, z. B. Vlieseline H 630, S 320 oder Decovil I Light
- Vlieseinlage 2 (zur Verstärkung des Futterteils), z. B. Vlieseline F 220 oder H 250
- (Endlos-)Reißverschluss oder Endlos-Spitzenreißverschluss mit 1–2 Schiebern, Länge entsprechend den gewünschten Maßen (siehe Zuschneiden)
- dünnes Gurt- oder Webband, 2,5 cm breit, 2-mal 10 cm
- Schrägband

ZUSCHNEIDEN

Erstelle je ein Außen- und Futterteil mit deinen gewünschten Maßen: Bestimme die Länge (L) und Tiefe (T) deines fertigen Täschchens und errechne anhand dieser Maße die Höhe und Breite des Schnittteils:
Schnittteilhöhe: 4 x T + 2 x Nahtzugabe
Schnittteilbreite: L + T + 2 x Nahtzugabe
Die Reißverschlusslänge beträgt: Schnittteilbreite + 6 cm Zugabe zum Einfädeln der Schieber.

Beispiel:
Variante Stiftemäppchen (auf dem Foto mit rotem Spitzenreißverschluss), fertige Größe: Länge = 22 cm, Tiefe = 6 cm
Schnittteilhöhe:
4 x 6 + 2 x 1 cm = 26 cm
Schnittteilbreite:
22 + 6 + 2 x 1 cm = 30 cm
Reißverschlusslänge: 36 cm

Bügle die Vlieseinlage entsprechend den Herstellerangaben auf die Schnittteile auf und lass die verstärkten Stoffteile vor dem Nähen gut auskühlen.

TIPP

Wenn dein Oberstoff ein Muster mit einem Richtungsverlauf hat, dann schneide das Taschenteil so zu, dass das Stoffmuster entlang der Schnittteilbreite verläuft.

Folgende Videos helfen dir bei dieser Anleitung:
- **Video 1:** Reißverschluss annähen | patty.do/reissverschluss
- **Video 5:** Schrägband annähen | patty.do/schraegband

SO GEHT'S

Mäppchen mit normalem Endlosreißverschluss vorbereiten

1 Nähe die beiden getrennten Reißverschlussbänder jeweils rechts auf rechts mit einem Kantennähfuß an die Längskanten des Außenteils (Schnittteilbreite), dabei stehen die Enden jeweils etwa 3 cm über. Versuche möglichst nah am Reißverschluss zu nähen, jedoch so, dass der Schieber später genügend Platz zur Bewegung hat.
Lege das Futterteil rechts auf rechts bündig auf das Außenteil und nähe es mit einem Kantennähfuß an. Beim Annähen liegt das Außenteil oben, nähe entlang der ersten Naht 1a. Sieh dir hierzu das Nähvideo an: Video 1.
Wende das Taschenteil, bügle die Stoffkanten an den Reißverschlussbändern vorsichtig und steppe sie mit einem Kantennähfuß knappkantig ab 1b.

Mäppchen mit Spitzenreißverschluss vorbereiten

2 Nähe Außen- und Futterteil an beiden Längskanten (Schnittteilbreite) rechts auf rechts zusammen, wende das Teil und bügle die Kanten so, dass die Nähte jeweils genau im Bruch liegen 2a. Stecke die beiden getrennten Spitzenreißverschlussbänder so an die genähten Kanten der Außenteilseite, dass die Enden jeweils etwa 3 cm überstehen, und nähe sie jeweils mit einem Kantennähfuß an. Die Reißverschluss-Raupe muss über die Stoffkanten hinausragen, damit der Schieber später genügend Platz zur Bewegung hat 2b. Fixiere den Reißverschluss zum Annähen am besten mit Masking Tape oder Klebeband.

Mäppchen fertigstellen

3 Fädle ein bis zwei Schieber ein, sodass die Stoffkanten am Reißverschluss auf einer Höhe sind 3a. Wende den entstandenen Schlauch mit der Futterseite nach außen und befestige eine Schlaufe aus Gurt- oder Webband am Reißverschluss (rechte Stoffseite). Markiere dann ausgehend vom Reißverschluss die Viertel-Abschnitte der Stoffkante mit Stecknadeln oder Knipsen 3b. Falte die Enden zusammen 3c. Achte darauf, dass der Reißverschluss ein Stück geöffnet ist, damit du das Mäppchen später wenden kannst. Nähe beide Taschenenden zusammen 3d.

4 Zuletzt kannst du die Nahtzugaben mit einem Zickzackstich versäubern oder mit Schrägband einfassen. Das Schrägband sollte 3 cm länger als die Kante sein. Nähe es aufgeklappt auf einer Seite fest 4a, lege es um die Nahtzugabe herum, schlage die Enden ein 4b und nähe auf der anderen Seite fest 4c. Sieh dir hierzu das Nähvideo an: Video 5.
Wende das Mäppchen durch die Reißverschlussöffnung und ziehe es an beiden Enden in Form.

1a

1b

2a

2b

3a

3b

3c

3d

4a

4b

4c

GÜRTELTASCHE

Größe: 13 x 30 x 5 cm (H x B x T) • **Nählevel:** • Schnittteile 12a–e auf Bogen D

Hände frei – und trotzdem alles dabei! Nichts einfacher als das mit dieser hübschen Gürteltasche. Sportlich und cool aus Kunstleder mit edlem „Diamanten" oder mädchenhaft verspielt mit einem hübschen Stoffmotiv. Dieses Taschenmodell ist einfach praktisch beim Bummeln, auf einem Konzert oder beim Feiern im Club.

STOFFE & ZUBEHÖR

- **Oberstoff 1:** Kunstleder (beige, perforiert), 60 x 40 cm
- **Oberstoff 2 („Diamant"):** Kunstleder (goldfarben), 15 x 15 cm
- **Futterstoff:** Baumwollstoff (beige mit Punkten), 60 x 40 cm
- **Vlieseinlage (für den Futterstoff):** Vlieseline H 630, 60 x 40 cm
- Endlosreißverschluss mit 2 Schiebern, 42 cm
- Gurtband, 2,5 cm breit, 1,2 m (je nach Hüftumfang)
- 1 Steckschnalle für 2,5 cm breites Gurtband aus Plastik oder Metall
- 1 Schieber für 2,5 cm breites Gurtband aus Plastik oder Metall
- etwas Seidenpapier für den Diamanten

Alternative

Du kannst die Gürteltasche auch aus einem festen Stoff mit etwas Stand nähen, wie z. B. Baumwollcanvas, Denim oder Cord. Wenn nötig, verstärke den Stoff mit Vlieseinlage (z. B. mit Vlieseline H 630). Auf dem „Diamanten" kannst du dann ein schönes Stoffmotiv platzieren.

ZUSCHNEIDEN

1 cm breite Nahtzugaben sind in den Schnittteilen und Zuschnittmaßen bereits enthalten.

Aus Oberstoff 1:
1-mal Schnittteil 12a (Rückseite)
1-mal Schnittteil 12b (Oberseite)
1 Paar Schnittteil 12c (Vorderseite oben, rechtes und linkes Teil)
1 Paar Schnittteil 12d (Vorderseite unten, rechtes und linkes Teil)

Aus Oberstoff 2:
1-mal Schnittteil 12e (Diamant)

Jeweils aus Futterstoff und Vlieseinlage:
1-mal Schnittteil 12a (Rückseite)
1-mal Schnittteil 12b (Oberseite)
1 Paar Schnittteil 12c (Vorderseite oben, rechtes und linkes Teil)
1 Paar Schnittteil 12d (Vorderseite unten, rechtes und linkes Teil)
1-mal Schnittteil 12e (Diamant)

Bügle die Vlieseinlage entsprechend den Herstellerangaben auf die Schnittteile auf und lass die verstärkten Stoffteile vor dem Nähen gut auskühlen.

Variante

Wenn du magst, kannst du die Rückseite der Futtertasche mit einem zusätzlichen Reißverschlussfach ausstatten. Dann benötigst du aus Futterstoff zusätzlich 2-mal das Schnittteil 12a Rückseite und einen 20 cm langen (Endlos-)Reißverschluss.

Folgende Videos helfen dir bei dieser Anleitung:
- Video 1: Reißverschluss annähen | patty.do/reissverschluss
- Video 8: Reißverschlussfach nähen | patty.do/rv-fach
- Video 9: Wendeöffnung nähen | patty.do/wendeoeffnung

SO GEHT'S

Vorderseiten vorbereiten

1 Verziere den Diamanten mit dekorativen Stepplinien: Übertrage die Schnittteilform sowie die Stepplinien auf ein Stück Seidenpapier. Schneide es aus und lege es bündig auf die rechte Seite des Stoffteils. Steppe die Nähte entlang der Linien 1a und reiße anschließend das Seidenpapier vorsichtig ab 1b. Verwende etwas stärkeres Nähgarn (nur für den Oberfaden) und nähe mit großer Stichlänge (3–4 mm), dann kommen die Nähte noch besser zur Geltung (evtl. Fadenspannung etwas verringern).

2 Nähe die oberen Vorderseitenteile rechts auf rechts an die unteren Vorderseitenteile. Du erhältst eine rechte und eine linke Vorderseitenhälfte 2.

3 Nähe die Vorderseitenhälften in zwei Schritten an den Diamanten. Nähe zuerst das Oberteil an die kurze Kante des Diamanten. Beginne dabei oben an der Stoffkante und ende genau am Ende der ersten Naht 3a. Klappe dann das Oberteil um und nähe die zweite Naht. Beginne dabei genau am Ende der ersten Naht und ende an der unteren Stoffkante 3b.

4 Kürze die Nahtzugaben an der Stelle, an der alle Nähte aufeinandertreffen, und falte sie sauber auseinander (bei Stoff auseinanderbügeln) 4.

5 Nähe auf die gleiche Weise das Vorderteil aus Futterstoff zusammen. Wie beim Oberstoff werden zuerst die oberen und unteren Vorderteilhälften zusammengenäht und diese dann links und rechts an den Diamanten genäht.

Reißverschluss annähen

6 Fädle zwei Schieber auf den Endlosreißverschluss und kürze ihn auf 35 cm. Nähe den Reißverschluss rechts auf rechts mit einem Kantennähfuß jeweils an das Vorderteil und an das Oberteil aus Oberstoff 6.

7 Nähe das vorbereitete Futterstoff-Vorderteil sowie das Futterstoff-Oberteil mit einem Kantennähfuß jeweils rechts auf rechts an die entsprechenden Oberstoffteile. Beim Annähen liegt das Oberstoffteil jeweils oben, nähe entlang der ersten Naht 7.

8 Klappe die Stoffteile um und steppe die Kanten am Reißverschluss mit einem Kantennähfuß knappkantig ab. Lass den Reißverschluss dabei ein wenig geöffnet, damit du die Tasche später wenden kannst 8. Sieh dir hierzu das Nähvideo an: Video 1.

1a

1b

2

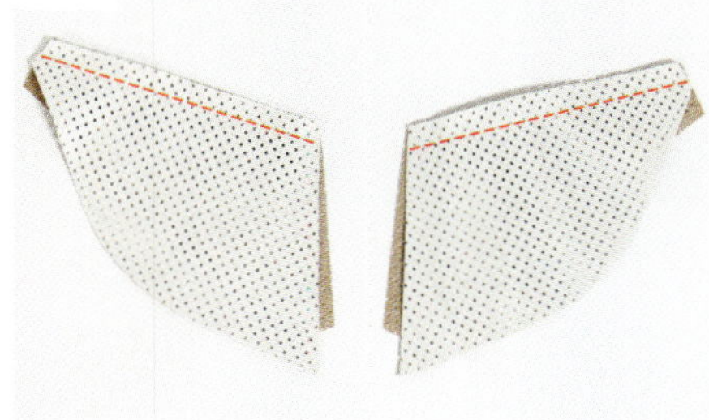

3a

4

3b

6

7

8

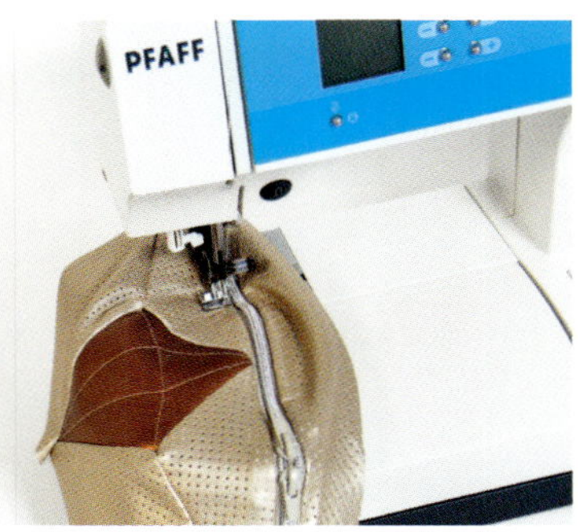

9

10
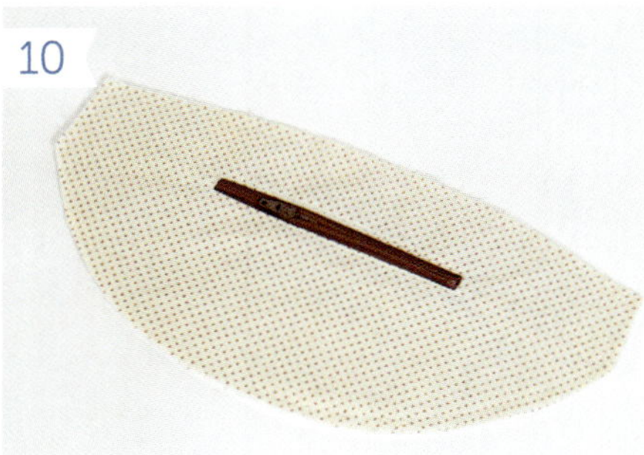

11
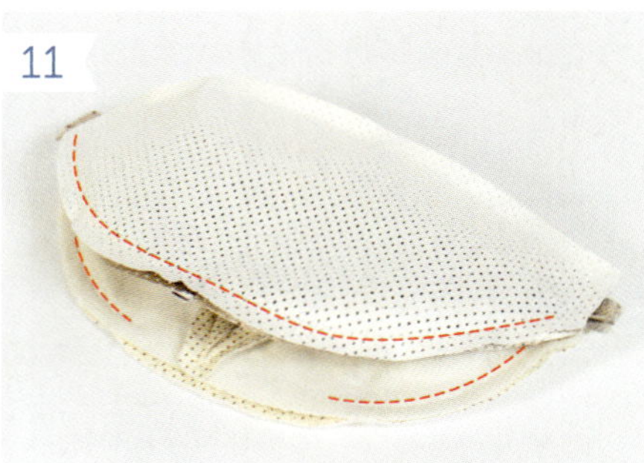

12
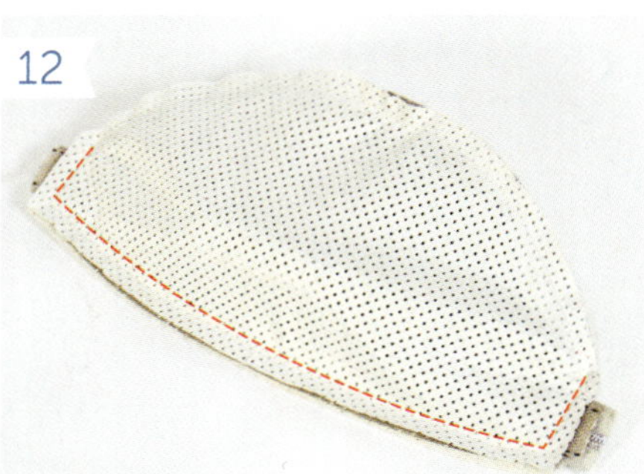

Gurtband annähen

9 Schneide ein 8 cm langes Stück Gurtband ab und lege es als Schlaufe um einen Teil der Steckschnalle. Fädle das verbleibende Gurtband in den Schieber und das Gegenstück der Steckschnalle ein und nähe das Ende am Schieber fest. Fixiere die Gurtbandschlaufe mit Steckschnalle an der linken und das lange, verstellbare Gurtband an der rechten Taschenkante jeweils mittig auf dem Reißverschluss mit einer kurzen Naht 9.

Tasche fertigstellen

10 Wenn du möchtest, kannst du die Futterstoff-Rückseite mit einem zusätzlichen Reißverschlussfach ausstatten 10. Sieh dir hierzu das Nähvideo an: Video 8.

11 Nähe die Oberstoff- und die Futterstoff-Rückseiten einzeln rechts auf rechts an die unteren gerundeten Kanten der jeweiligen Taschenfronten. Achte dabei darauf, dass du die jeweils andere Taschenhälfte nicht versehentlich festnähst. Lass beim Annähen der Futter-Rückseite mittig eine 20 cm große Öffnung zum Wenden 11.

12 Stecke alle Stofflagen im oberen Bereich bündig aneinander und nähe sie an den restlichen drei Kanten zusammen 12. Die Oberteile sind an der oberen Kante leicht nach innen und die Rückseiten leicht nach außen gerundet – die Strecken sind jedoch gleich lang, sodass sie gut aneinanderpassen.
Wende die Gürteltasche und schließe zuletzt die Wendeöffnung. Sieh dir hierzu das Nähvideo an: Video 9.

HINWEIS

Tipps zum Nähen von Kunstleder findest du auf Seite 16.

SCHMUCKTASCHE

Größe: 9 x 12,5 x 12,5 cm (H x B x T) • **Nählevel:** ●●●● • Schnittteile 4a–d auf Bogen A

Mit diesem kleinen, feinen Täschlein kannst du Schmuck oder Make-up stilvoll verpacken, die runde Form verleiht cer Tasche zusätzlichen Charme. Ein wunderschönes Geschenk für dich selbst oder deine Freundin. Mit dem im Deckel integrierten Spiegel entgeht dir garantiert nichts mehr!

STOFFE & ZUBEHÖR

- **Oberstoff:** fester Baumwollstoff (mit goldenen Bogen): 45 x 30 cm
- **Futterstoff:** Baumwollstoff (fuchsia), 45 x 30 cm
- **Vlieseinlage 1 (für den Oberstoff):** Vlieseline Decovil I Light (alternativ Decovil I), 45 x 30 cm
- **Vlieseinlage 2 (für den Futterstoff):** Vlieseline H 180, 45 x 30 cm
- (Endlos-)Reißverschluss mit 1 Schieber, 40 cm
- Schrägband, 2 cm breit, 100 cm
- Kosmetikspiegel, 6 x 8 cm
- Stylefix (beidseitiges Klebeband), 4 mm breit

Folgende Videos helfen Dir bei dieser Anleitung:

- **Video 1:** Reißverschluss annähen | patty.do/reissverschluss
- **Video 2:** gerade Strecke an Rundung nähen | patty.do/rundung
- **Video 5:** Schrägband annähen | patty.do/schraegband

ZUSCHNEIDEN

1 cm breite Nahtzugaben sind in den Schnittteilen und Zuschnittmaßen bereits enthalten.

Jeweils aus Oberstoff und aus Vlieseinlage 1:
2-mal Schnittteil 4a (Deckel/Boden)
1-mal Schnittteil 4b (Seitenteil oben)
1-mal Schnittteil 4c (Seitenteil unten)
1-mal Schnittteil 4d (Verbindungsteil)

Jeweils aus Futterstoff und aus Vlieseinlage 2:
3-mal Schnittteil 4a (Deckel/Boden)
1-mal Schnittteil 4b (Seitenteil oben)
1-mal Schnittteil 4c (Seitenteil unten)
1-mal Schnittteil 4d (Verbindungsteil)

Bügle die Vlieseinlage entsprechend den Herstellerangaben auf die Schnittteile auf und lass die verstärkten Stoffteile vor dem Nähen gut auskühlen.

HINWEIS

Schneide die Vlieseinlage ohne Nahtzugabe zu, dann lassen sich die Stoffkanten leichter mit Schrägband einfassen.

SO GEHT'S

Deckel und Boden vorbereiten

1 Zeichne mittig auf die linke Stoffseite eines Futter-Deckels ein Rechteck: 5 cm hoch, 7 cm breit. Lege den Futter-Deckel rechts auf rechts auf einen zweiten Futter-Deckel und nähe beide Teile entlang der aufgezeichneten Linie mit einem kleinen Steppstich (Stichlänge 2 mm) zusammen. Schneide ein Kreuz in das Innere des aufgenähten Rechtecks und kürze den Stoff bis ca. 1 cm zur Naht 1a. Bügle die Nahtzugaben auseinander, wende das Deckelteil und bügle es nochmals. Steppe die Öffnung knappkantig ab. Befestige auf der Rückseite rundherum Stylefix und fixiere damit den Spiegel 1b.

2 Nähe den vorbereiteten Futterstoff-Deckel mit dem Oberstoff-Deckel sowie den Futterstoff-Boden mit dem Oberstoff-Boden links auf links rundherum grob nähfüßchenbreit zusammen 2.

Reißverschlussring vorbereiten

3 Bereite den Endlosreißverschluss mit einem Schieber und 32 cm Länge vor. Nähe den Reißverschluss mit einem Kantennähfuß rechts auf rechts an den oberen Seitenstreifen aus Oberstoff. Lege den oberen Seitenstreifen aus Futterstoff rechts auf rechts bündig auf das Oberstoffteil und nähe es mit dem Kantennähfuß an. Beim Annähen liegt das Oberstoffteil oben, nähe entlang der ersten Naht. An der anderen Reißverschlusskante verfährst du ebenso mit den unteren Seitenstreifen aus Ober- und Futterstoff. Klappe anschließend die Oberstoff- und Futterteile um und steppe die Kanten am Reißverschluss knappkantig ab 3. Sieh dir hierzu das Nähvideo an: **Video 1**.

4 Nähe die Verbindungsteile aus Ober- und Futterstoff an eine kurze Kante des Reißverschlussstreifens, dabei liegen Ober- und Futterstoff jeweils rechts auf rechts aufeinander 4a. Nähe beide Verbindungsteile auch an das andere Ende. Rolle dafür den Reißverschlussstreifen zusammen, sodass die zweite kurze Kante bündig zwischen beiden Verbindungsteilen liegt. Auch hier müssen Ober- und Futterstoff jeweils rechts auf rechts aufeinanderliegen 4b. Stülpe das zusammengenähte Teil herum, so erhältst du einen Reißverschlussring.

Deckel und Boden annähen

5 Stecke den Reißverschlussring gleichmäßig verteilt an das Bodenteil, dabei liegen die Futter-Seiten beider Teile außen. Die vier Knipse vom Ring und vom Bodenteil treffen jeweils aufeinander. Schneide die Stoffkante des Reißverschlussrings in 1 cm Abständen ca. 0,7 cm ein, damit du ihn besser an die Rundung stecken kannst 5a. Beim Annähen des Bodenteils liegt der Reißverschlussring oben 5b. Sieh dir hierzu das Nähvideo an: **Video 2**.
Nähe auf diese Weise den Ring auch an das Deckelteil. Achte dabei darauf, dass der Spiegel richtig platziert ist.

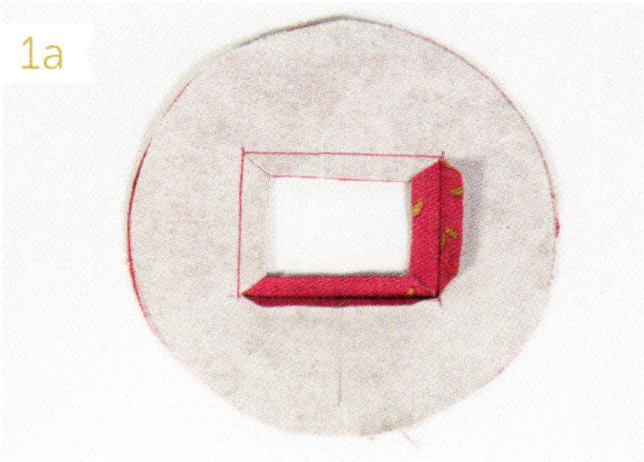

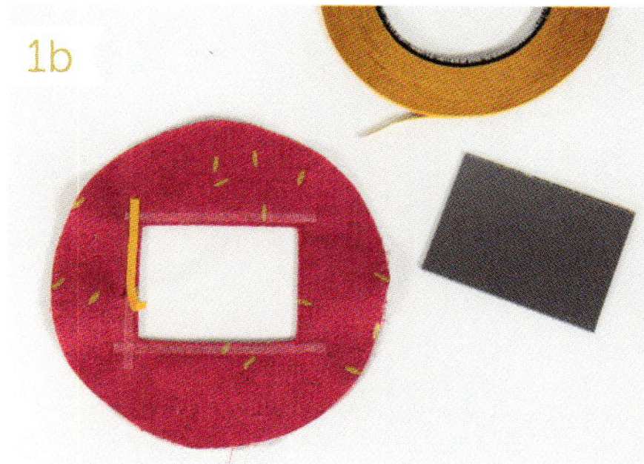

Nahtzugaben einfassen

6 Kürze die Nahtzugaben auf 0,7 cm und fasse sie mit Schrägband sauber ein. Nähe das Schrägband in zwei Schritten an: zuerst aufgeklappt und nähfüßchenbreit auf der Ringseite. Dann faltest du es um die Stoffkante herum und steppst es knappkantig auf der Deckel- bzw. Bodenseite fest. Lege die Schrägbandkante an die erste Naht, dann trifft die zweite Naht auch auf der Rückseite genau auf das Schrägband 6. Sieh dir hierzu das Nähvideo an: **Video 5**.
Stülpe das Täschchen um und bügle es.

FRANSENTASCHE

Größe: 17 x 26 cm (H x B) • **Nählevel:** • Schnittteile 6a+b auf Bogen A

Yeah, yeah, yeah – hier ist deine neue Begleitung für laue Sommerabende, Festivals und Feierstunden, in denen du nur das Nötigste bei dir tragen möchtest! Den Style bestimmst du: Aus Wildlederimitat mit Fransen passt sie perfekt zum Hippie-Look, aus edlem Baumwollstoff mit einem Paspelband wird die Tasche mit dreieckiger Klappe zur eleganten Abendclutch.

STOFFE & ZUBEHÖR

Stoffe & Zubehör

- **Oberstoff:** weiches Wildlederimitat (Alcantara), 30 x 70 cm
- **Futterstoff:** gewebter Baumwollstoff, 30 x 70 cm
- **Vlieseinlage 1 (für den Oberstoff):** Vlieseline F 220 oder LE 420 für Leder bzw. hitzeempfindliche Stoffe, 30 x 50 cm
- **Vlieseinlage 2 (für den Futterstoff):** Vlieseline Decovil I Light, 30 x 50 cm
- 1 Magnetverschluss, ca. 2 cm Durchmesser
- evtl. Paspelband, 45 cm
- evtl. 2 Karabiner für 1 cm breiten Taschenträger

Alternative

Für eine Tasche ohne Fransen kannst du auch einen festen Baumwollstoff verwenden. Verstärke dann die Schnittteile aus Oberstoff mit Vlieseline Decovil I oder Decovil I Light (ohne Nahtzugabe) und die Schnittteile aus Futterstoff mit einer leichten Einlage (z.B. Vlieseline H 180 oder F 220).

Stoffempfehlung

Für den Oberstoff empfehle ich ein weiches (Kunst-)Leder oder Wildlederimitat (Alcantara) mit einer gleichfarbigen Rückseite für die Fransen.

ZUSCHNEIDEN

1 cm breite Nahtzugaben sind in den Schnittteilen und Zuschnittmaßen bereits enthalten.

Aus Oberstoff:
1-mal Schnittteil 6a (Fransenteil)
1-mal Schnittteil 6b (Taschenteil)
1-mal 150 x 4 cm (Stoffstreifen für Taschenträger und Schlaufen)

Aus Futterstoff:
1-mal Schnittteil 6b (Taschenteil)
optional: 11 x 16 cm (Innentasche)

Aus Vlieseinlage 1:
1-mal Schnittteil 6b (Taschenteil)
evtl. 1-mal 150 x 4 cm (Stoffstreifen für Taschenträger und Schlaufen; hier kann auf die Einlage auch verzichtet werden.)

Aus Vlieseinlage 2:
1-mal Schnittteil 6b (Taschenteil) ohne Nahtzugabe, also entlang der gestrichelten Linie zuschneiden

Bügle die Vlieseinlage entsprechend den Herstellerangaben auf die Schnittteile auf und lass die verstärkten Stoffteile vor dem Nähen gut auskühlen.

Folgende Videos helfen dir bei dieser Anleitung:
- Video 4: Taschenträger aus Stoff nähen | patty.do/traeger
- Video 6: Paspelband annähen | patty.do/paspelband
- Video 9: Wendeöffnung nähen | patty.do/wendeoeffnung

SO GEHT'S

Fransen und Träger vorbereiten

1 Schneide 5 mm breite Streifen in das Fransenteil, lass dabei an einer Kante 1 cm stehen. Die Fransen werden schön gleichmäßig, wenn du dafür einen Rollschneider, ein Patchworklineal und eine Schneidematte verwendest 1.

2 Wenn der Oberstoff sehr dehnbar ist, verstärke den Stoffstreifen für den Taschenträger evtl. mit einer Vlieseinlage. Falte beide Längskanten 1 cm auf die linke Stoffseite um und stecke den Träger mittig zusammen 2a. Nähe den Träger knappkantig zusammen 2b. Steppe anschließend die zweite Längskante ebenfalls knappkantig ab. Sieh dir hierzu das Nähvideo an: Video 4.

Tasche nähen

3 Schneide die Nahtzugabe an der Mitte des Fransenteils etwa 7 mm ein, ziehe es vorsichtig auseinander und stecke es rechts auf rechts an die spitze Kante des Taschenteils aus Oberstoff. Fixiere die Fransen mit Masking Tape auf dem Taschenteil, damit du sie bei den weiteren Schritten nicht versehentlich festnähst. Nähe das Fransenteil nähfüßchenbreit an 3.

Variante aus Baumwollstoff

4 Wenn du die Tasche aus Baumwollstoff nähst, kannst du statt der Fransen ein Paspelband mit annähen. Nähe es mit einem Kantennähfuß zwischen den beiden Klappen-Knipsen an und schneide es an den Ecken etwas ein 4. Sieh dir hierzu das Nähvideo an: Video 6.

Schlaufen für Taschenträger

5 Schneide zwei 4 cm lange Stücke von dem vorbereiteten Taschenträger ab, lege sie zu Schlaufen und nähe sie 1 cm unterhalb der Klappen-Knipse fest 5.

Außenseite und Futter zusammennähen

6 Befestige an der spitzen Kante des Taschenfutters den Magnetverschluss – positioniere ihn mittig, 3 cm von der Spitze entfernt. Nähe die Außenseite und das Futter an der geraden, kurzen Kante zusammen, lass jedoch mittig eine 16 cm große Öffnung zum Wenden 6.

7 Falte die Außenseite und das Futter an der Nahtkante links auf links (bügle evtl. die Kante). Am Knips wird die Außenseite rechts auf rechts auf die Oberstoffseite sowie das Taschenfutter rechts auf rechts auf die Futterseite umgefaltet, sodass die Klappen beider Teile rechts auf rechts zusammentreffen. Die Knipse unterhalb der Taschenklappe treffen dabei auf die innen liegende Nahtkante 7.

1

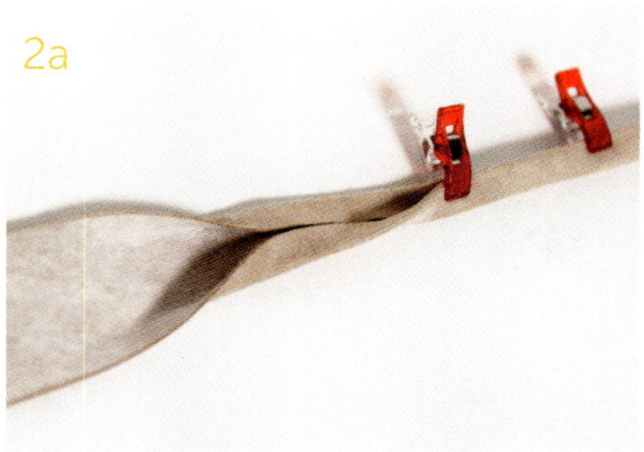
2a

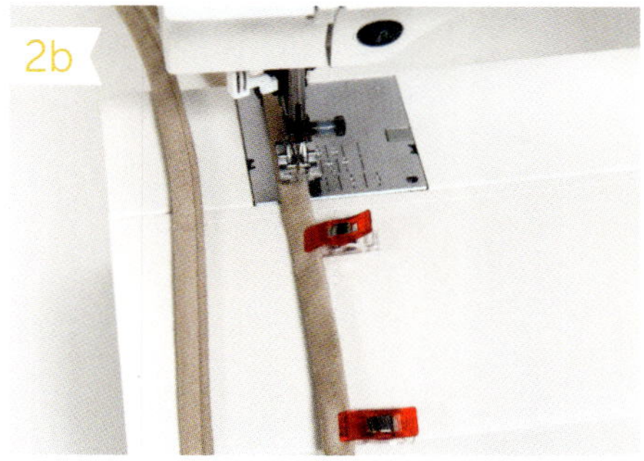
2b

3

4

5

6

7

8 Nähe die Tasche an der linken Seite, oben an der Klappe und an der rechten Seite durchgehend zusammen. Schneide die Nahtzugaben an den Ecken bis kurz vor die Naht zurück 8.

Tasche fertigstellen

9 Wende die Tasche durch die innen liegende Öffnung und befestige das Gegenstück für den Magnetknopf durch die Öffnung: Schließe dafür die Klappe und ermittle die entsprechende Position. Schließe die Klappe aber nicht zu straff, sondern etwas lockerer, damit sie später nicht spannt, wenn die Tasche gefüllt ist. Schließe die Wendeöffnung per Hand mit einem Matratzenstich oder knappkantig mit der Nähmaschine 9. Sieh dir hierzu das Nähvideo an: Video 9.

10 Schneide den Taschenträger auf die gewünschte Länge zu und befestige ihn durch die Schlaufen mit verknoteten Enden oder mit kleinen angenähten Karabinern an der Tasche 10.

IMPRESSUM

Entwürfe und Realisation: Ina Fischer alias pattydoo
Redaktion: Anna Fischer, Astrid Spüler
Lektorat: Regina Sidabras
Fotos & Styling: Florian Bilger Fotodesign
Arbeitsfotos: Ina Fischer
Schnittmuster: Ina Fischer
Figurinen und Layoutelemente: pattydoo GmbH
Layout, Satz und Umschlaggestaltung: GrafikwerkFreiburg
Repro: RTK & SRS mediagroup GmbH
Printed in Slovenia by Florjancic

★ ★ ★ ★ ★

Sind Sie mit diesem Titel zufrieden? Dann würden wir uns über Ihre Weiterempfehlung freuen. Erzählen Sie es im Freundeskreis, berichten Sie Ihrem Buchhändler oder bewerten Sie bei Onlinekauf. Und wenn Sie Kritik, Korrekturen, Aktualisierungen haben, freuen wir uns über Ihre Nachricht an Christian Verlag, Postfach 40 02 09, D-80702 München oder per E-Mail an lektorat@verlagshaus.de.

Unser komplettes Programm finden Sie unter

www.christophorus-verlag.de

HERSTELLERVERZEICHNIS

- Swafing, www.swafing.de
  Fachhändler für Taschenstoffe „Rom", „Moskau", Kunstleder
- Stoffkontor, www.stoffkontor.eu
  Kunstleder „Skai", Oxfordgewebe
- Stoffsalat, www.stoffsalat.de
  „ByAnnies Soft & Stable"
- Alles für Selbermacher, www.alles-fuer-selbermacher.de
  maritime Stoffe, Kokka-Stoffe, laminierte Stoffe
- Snaply Nähkram, www.snaply.de
  Gurtband, Schnallen, Endlos-Reißverschluss, Spitzen-Reißverschlüsse, Klettband
- Prym-Consumer GmbH, www.prym-consumer.com
  Fachhändler u. a. für Metallzubehör: Karabiner, D-Ringe, Druckknöpfe
- Union Knopf, www.unionknopf.com
  Gurtband, Schnallen, Reißverschlussanhänger
- Stoff & Stil, www.stoffundstil.de
  Baumwollstoffe im skandinavischem Design
- IKEA, www.ikea.com
  feste Dekostoffe aus Baumwolle
- Freudenberg Interlining SE & Co. KG, www.vlieseline.com
  Vlieseinlagen
- buttinette Textil-Versandhaus, www.buttinette.com
  Stoffe und Zubehör

Die Deutsche Nationalbibliothek verzeichnet diese Publikation in der Deutschen Nationalbibliografie; detaillierte bibliografische Daten sind im Internet über http://dnb.d-nb.de abrufbar.

ISBN 978-3-8410-6356-4

Kreativ-Service

Sie haben Fragen zu den Büchern und Materialien? Frau Erika Noll ist für Sie da und berät Sie rund um alle Kreativthemen. Rufen Sie an! Wir interessieren uns auch für Ihre eigenen Ideen und Anregungen. Sie erreichen Frau Noll per E-Mail: **mail@kreativ-service.info** oder Tel.: **+49 (0) 5052 / 91 18 58**

Besuchen Sie uns im Internet: www.christophorus-verlag.de